공직자, 논어를 읽다

공직자, 논어를 읽다

김해영 지음

論語

안티쿠스
ANTIQUUS

머리말

『논어(論語)』는 리더(Leader), 즉 '지도자를 위한 책'이다. 일찍이 북송(北宋)의 명재상이었던 조보(趙普)는 『논어』를 논함에 있어서, '반 권의 분량만 가지고도 능히 천하를 다스릴 수 있는 책'으로 높이 평가한 바 있다. 그 만큼 『논어』 속에 잠재하고 있는 치세의 진리가 듬뿍 담겨있음을 의미한다. 『공직자, 논어를 읽다』로 제목을 지은 것은 이 시대의 공직자들이 『논어』를 공직의 '삶의 철학'으로 삼으면 좋겠다는 생각을 오래 전부터 해왔기 때문이다.

정자(程子)는 『논어』를 논하면서, 읽음에 전혀 느낌이 없는 사람도 있고, 읽고 난 후에 한두 구절에 기뻐하는 사람도 있고, 읽은 후에 좋아할 줄을 아는 사람도 있으며, 읽은 후에 모르는 사이 손으로 춤추고, 발로 뛰는 사람도 있다고 한 바 있다. 또 『논어』를 읽거나, 읽지 아니할 때에도 그저 그런 사람이요, 읽은 후에도 몸가짐에 변화가 없는 사람은 『논어』를 읽지 않은 사람이라고 하였다. 하지만 읽을수록 의미는 심장(深長)해진다고 하였다.

여러 설이 존재하지만, 「학이(學而)」로 시작하여 「요왈(堯曰)」로 마무리되는 『논어』는 공자의 말씀을 후학들이 정리한 책으로 널리 알려져 있다. 즉 배워서 군자가 되고자 하는 책이다. 누누이 언급되겠지만 공직자는 군자인 만큼, 군자는 수기치인(修己治人)하는 사람이다. 수기해서 치인한다는 뜻이다. 때문에 누구나 수기하는 과정을 거쳐 치인한다. 치인의 과정을 마치면 역시 수기과정으로 돌아가 후학을 양성하는 것을 직분으로 삼는다.

맛의 단계가 다섯 가지가 있다. 흥미와 취미, 자미, 음미, 의미가 그것이다. 흥미(興味)가 지나면 취미(趣味)가 되고, 취미를 넘어서면 자미(滋味 : 재미로 변화)가 되며, 자미를 초월하면 음미(吟味)의 단계가 되며, 음미의 단계를 넘어서면 비로소 의미(意味)를 찾을 수 있다. 따라서 『논어』는 한 글자씩 새기면서 읽어야 종국(終局)에는 의미를 찾을 수 있다. 수천 년에 걸쳐 형성된 가르침이기 때문에 소설을 읽어가듯 해서는 맛을 느낄 수가 없다.

이 책은 초지일관 내공(內功)을 쌓을 것을 요구한다. 굳세고 의연한 마음을 유지하기 위해서는 내공이 필요하기 때문이다. 모쪼록 대한민국의 공직자들은 이 책을 통해 군자의 이름에 부합되는 삶을 실천하여 공직자 상이 일신되기를 기대한다. 또 선비의 소임이 무겁고도 멀다고 한 것처럼, 공직자들은 마땅히 자신의 길이 무엇인지 인식하여 끊임없이 채찍질하여 어떠한 어려움도 이겨낼 수 있도록 무장하길 기대한다.

출판계가 장기 불황에서 벗어나지 못하고 있단다. 어려운 상황일수록 사업을 장기적으로 계획하고 리듬을 타는 지혜가 필요하다는 선현들의 처방에도 회복될 조짐이 없는 것은 안타까운 일이다. 그럼에도 인문학이 곧 세상을 변화시킬 것이라고 굳게 믿고 출판에 나서준 안티쿠스의 김종만 대표께 심심한 감사의 말씀을 드린다. 아울러 미천한 원고를 꼼꼼히 읽고 윤문해주신 학계의 중진, 이현구 선생님께도 깊은 감사의 말씀을 드린다.

부족한 부분은 지속적으로 보완해 나가고자 한다. 진심어린 질정(叱正)을 바란다.

2014년 9월 수원시 우만동 연구실에서

일러두기

1. 이 책은 성균관대학교 유교문화연구소에서 펴낸 『논어(論語)』(성균관대학교출판부, 2005)를 기본적인 대본으로 하고, 해설은 이기동 선생의 『논어강설(論語講說)』(성균관대학교출판부, 1999)을, 문법 및 자해는 류종목 선생의 『논어의 문법적 이해』(문학과지성사, 2005) 등을 전재 내지는 참고하였다.

2. 이 책의 언해와 토는 위의 『논어(論語)』(성균관대학교출판부, 2005)를 참고한 것이기 때문에 퇴계(退溪) 및 율곡(栗谷)의 언해와 토가 참조되었다.

3. 이 책의 내용은 공자의 말씀을 먼저 기술하고, 다음으로 원문을 삽입하고, 문법과 어려운 글자를 해석하는데 도움을 주고자 자해를 비교적 상세히 실었으며, 마지막으로 필자 해영의 설명을 순으로 구성했다.

4. 이 책은 『논어(論語)』 20편 가운데 공직자들에게 도움이 될 만한 문장만을 뽑아 서술하였다.

5. 처음부터 읽어가는 것이 가장 좋으나, 아무 쪽이나 펴서 읽어도 무방하도록 일부 겹치는 내용을 그대로 두었다.

6. 문장 해석의 경우, 학술적으로 논란이 될 만한 부분이 없지 않으나 여기서는 독자의 이해도를 감안, 가능한 실용서로 활용할 수 있도록 다양한 해설서를 기초로 덧붙이는 방식을 취했다.

7. 공직자는 예로부터 군자로 불린 만큼, '공직자'와 '군자'를 혼용하여 서술하였다.

차례

논어서설(論語序說)

『사기(史記)』, 「공자세가(孔子世家)」에 다음과 같은 기록이 있다. 공자의 이름은 구(丘)이고, 자(字)는 중니(仲尼)이다. 그 선조는 송(宋)나라 사람이다. 아버지는 숙량흘(叔梁紇 : 孔紇)이고, 어머니는 안씨(顔氏)인데, 노(魯)나라 양공 22년 경술(庚戌, 기원전 551년) 11월 경자(庚子)에 공자를 노나라 창평향 추읍(昌平鄕鄹邑)에서 낳았다. 어릴 적 놀 때에 항상 제기(祭器)를 벌려 놓고 예(禮)를 갖추는 놀이를 하였다. 장성해서는 창고의 물건을 관리하는 위리(委吏)가 되었는데, 항상 계산이 공평하였다. 후에 다시 나라의 가축을 기르는 사직리(司職吏)가 되었는데, 가축이 윤택하게 살찌고 잘 번식(繁殖)하였다.

주(周)나라에 가서 노자(老子)에게 예(禮)를 묻고, 돌아온 후부터는 제자가 더욱 찾아왔다. 소공(昭公) 25년 갑신(甲申, 기원전 517년)에 공자의 나이 서른다섯 살이었다. 소공이 제(齊)나라로 달아나고 노나라가 어지러워지자, 이에 공자는 제나라로 가서 고소자(高昭子)의 가신(家臣)이 되어 고소자의 힘을 빌려 경공(景公)을 만났다. 이때 경공은 공자의 말을 듣고 매우 기뻐하며 공자에게 니계(尼谿)의 땅을 떼어주고 중용(重用)하려 했으나 안영(安嬰) 등 여러 신하들이 반대하여, 이에 경공도 의심을 품고 결국 등용을 포기하였다. 그리하여 공자는 마침내 제나라를 떠나 다시 노나라로 돌아왔다.

정공(定公) 원년(元年) 임진(壬辰, 기원전 509년)에 공자의 나이 마흔셋이었다. 이때 노나라의 상황은 권세가인 계씨(季氏) 집안의 세력이 강하여 참람(僭濫)하는 상태였으며, 또 그의 신하인 양호(陽虎)가 계씨 집안의 질서가 어지러운 틈을 타 정사를 독단하는 상황이었다. 따라서 공자는 벼슬하지 않고 물러나 있으면서 시서예악(詩書禮樂)을 정리하였는데, 이때부터 제자가 더욱 많아졌다. 9년 경자(庚子, 기원전 501년)에 공자의 나이 쉰하나였다. 이때 계씨의 또 다른 가신인 공산불뉴(公山不狃)가 비(費)땅을 근거지로 삼아 계씨를 배반하고 공자를 불렀는데, 공자는 가려다가 자로 등의 반대로 마침내 가지 않았다.

정공이 공자를 중도(中都) 고을의 재상(宰相)으로 삼은 지 1년 만에 온 고을이 모두 공자를 본받아 교화되자, 드디어 공자를 사공(司空)으로 삼고 이어서 또 대사구(大司寇)로 삼았다. 10년(기원전 500년) 신축(辛丑)에 정공을 도와서 제후를 협곡(夾谷)에서 만났는데 이 자리에서 공자는 제나라 사람들이 전에 침입했던 땅을 노나라로 돌려보내도록 하는 외교상의 공로를 세우기도 하였다. 12년 계묘(癸卯, 기원전 498년)에 중유(仲由)로 하여금 계씨(季氏)의 재(宰)로 삼아서 삼도(三都)를 헐고 그 갑옷과 병장기를 거두게 하였으나 맹씨가 성(成) 땅의 성벽을 헐려고 하지 않으므로, 군사로 포위했지만 이기지 못하였다.

14년(기원전 496년) 을사(乙巳)에 공자의 나이가 쉰여섯이었다. 정승의 일을 겸하고 있었는데, 이때 나라의 정치를 어지럽히던 대부 소정묘(少正卯)를 처단하고, 나라 정치에 참여하여 정사를 돌본 지 삼 개월 만에 노나라가 크게 다스려졌다. 그러자 노나라의 변화를 경계하던 제나라에서는 공자를 제거할 계획을 세웠다. 곧 제나라에서는 악무(樂舞)에 능한 미녀 80명과 말 120필을 정공과 계환자(季桓子)에게 보냈는데 이것을 받고 즐거워하며, 정사는 물론 교제(郊祭)를 지내고 나서 제사음식을 대부들에게 보내지 않는 등 법도에 어긋나는 행동을 자행하자, 결국 벼슬자리를 버리고 노나라를 떠나게 되었다.

위(衛)나라로 가서 자로의 처형인 안탁추(顔濁鄒)의 집에 머물렀다. 진(陳)나라로 갈 때에 광(匡) 땅을 지나는데, 광 땅의 사람들이 공자를 양호로 착각하여 잡으려고 포위하였으나 변복을 하여 위기에서 벗어났다. 그 후 공자는 다시 위나라로 돌아와 거백옥(蘧伯玉)의 집에 머물면서 남자(南子)를 만나 보았다. 그 후 공자는 다시 송(宋)나라로 가게 되었는데, 송나라에서는 사마(司馬) 벼슬로 있는 환퇴(桓魋)가 죽이려고 하자, 다시 송나라를 떠나 진(陳)나라로 가서 사성정자(司城貞子)의 집에 머물렀으며, 그 후 3년 뒤에 위나라로 돌아왔지만 영공(靈公)은 공자를 등용하지 못하였다.

진(陳)나라 조씨(趙氏)의 가신 필힐(佛肹)이 중모(中牟) 땅을 근거로 반란을 일으키고 공자를 불렀는데, 공자는 가려고 하다가 역시 자로(子路) 등의 반대로 가지 않았다. 그 후 공자는 서쪽으로 조간자(趙簡子)를 만나 보려고 길을 떠났으나 황하까지 이르렀다가 포기하고 돌아와 거백옥의 집에 머물렀다. 이때 위 영공이 진(陳)법에 대해 공자에게 질문을 하였으나, 공자는 대답하지 않고 위나라를 떠나 진나라로 갔다. 계환자(季桓子)

가 죽을 때에 그 아들 강자(康子)에게 유언하여 반드시 공자를 부르라 하였는데, 그 신하가 저지하자 공자를 부르지 못하고 공자의 제자인 염구(冉求)를 불렀다.

그 후 공자는 채(蔡)나라 섭(葉) 땅으로 갔다. 초 소왕(楚昭王)이 장차 서사(書社) 땅으로 공자를 봉(封)하려 하였는데, 영윤자서(令尹子西)가 불가하다고 하여 결국 공자를 봉하지 못하였다. 또 위나라로 돌아오니 그때에 영공은 이미 세상을 떠났고 위군첩(衛君輒)이 공자를 등용하여 정사를 하고자 하였다. 이때 염구가 계씨(季氏)의 장수가 되어 제(齊)나라와 싸워 공을 세우자 이에 강자(康子)가 공자를 부르니, 공자는 노나라로 돌아왔다. 이때가 애공(哀公) 11년 정사(丁巳, 기원전 484년)였으며, 공자의 나이 68세였다. 그러나 노나라에서는 끝내 공자를 쓰지 못하였고, 공자 또한 벼슬을 구하지 않았다.

공자는 『서전(書傳)』과 『예기(禮記)』를 정리하였으며, 『시(詩)』를 산삭(刪削)하고 음악을 바르게 하며, 『역(易)』의 「단사(彖辭)」와 「계사(繫辭)」와 「상사(象辭)」와 「설괘(說卦)」와 「문언(文言)」을 서술하였다. 제자의 숫자가 무려 3000여 명에 이르렀으며, 몸소 육예(六藝)에 통달한 사람이 72명이었다. 14년 경신(庚申)에 노나라에서 서쪽으로 사냥하다가 기린(麒麟)을 잡았는데, 이때 공자는 『춘추(春秋)』를 짓고 있었다. 다음해 신유(辛酉)에 자로(子路)가 위(衛)나라에서 죽고 16년 임술(壬戌, 기원전 479년) 4월 기축(己丑)에 공자가 세상을 뜨니, 나이가 일흔셋이었다. 노나라 성북(城北) 사수(泗水) 가에 장사 지냈다.

모든 제자(弟子)들이 심상(心喪) 3년을 지낸 후 떠났고, 자공(子貢)만은 무덤가에 여막(廬幕)을 짓고 3년을 더 지냈다. 공자는 아들 리(鯉)를 낳았는데, 자(字)는 백어(白魚)였다. 그러나 '백어'는 공자보다 먼저 세상을 떠났고, '백어'는 아들 급(伋)을 두었는데, 자(字)는 자사(子思)였으며, 『중용(中庸)』을 지었다.

하씨(何氏)가 말하길, '『노논어(魯論語)』는 20편인데, 『제논어(齊論語)』에는 별도로 「문왕(文王)」과 「지도(知道)」 2편이 더 있어서 22편이 되고, 또 그 20편 중의 「장구(章句)」도 『노논어(魯論語)』보다 많다. 『고논어(古論語)』는 공씨의 집 담벽에서 나왔는데, 「요왈(堯曰)」 아래 장(章)의 「자장문(子張問)」을 나누어서 1편을 만들었으므로, 「자장문(子張問)」이 둘이 되니 도합 21편이요, 편차(篇次)는 『제논어(齊論語)』와는 같지 않다'고 하였고, 정자(程子)는 '『논어(論語)』의 글이 유자(有子)와 증자(曾子)의 문인에게서 이루어졌기 때문에 그 글에 유독 두 사람만을 자(子)라고 일컬었다'고 하였다.

학이
(學而)

| 온전히 학문하는 것 |

공자

공자가 이르기를, "배우고 때때로 익히면 또한 기쁘지 않겠는가? 벗이 먼 곳으로부터 오면 또한 즐겁지 않겠는가? 남이 알아주지 않더라도 성내지 않는다면 또한 군자가 아니겠는가?"

원문

子曰 學而時習之면 不亦說乎아 有朋自遠方來면 不亦樂乎아 人不知而不慍이면 不亦君子乎아

자해

* 자(子) : 선생님. 『논어』에서의 子는 공자(孔子 : B.C.551~B.C.479)를 가리킴.
* 학이시습지(學而時習之) : 배우고 때때로 익히다. 이(而) : 순접관계를 표

시하는 접속사. 두 개의 동작이나 상황을 순차적으로 연결해준다. 시(時) : 적시, 제때. 습(習) : 새가 자주 나는 모습, 배우기를 멈추지 않음을 마치 새가 자주 나는 것과 같이 하는 것. 지(之) : 학(學)의 내용을 가리키는 인칭대사(人稱代詞). 대사는 대명사뿐 아니라 형용사적 성격을 지닌 것, 부사적 성격을 지닌 것까지 포괄.

* 불역열호(不亦說乎) : 또한 기쁘지 않겠는가. 열(說) : 열(悅)과 같은 의미, 기뻐함. 호(乎) : 의문의 어기를 표시하는 어기조사.
* 유붕자원방래(有朋自遠方來) : 벗이 먼 곳으로부터 오다. 유(有) : '가지고 있다', '소유하다'라는 뜻의 동사로 뒤에 오는 명사를 목적어로 삼지만 때로는 불특정의 사람이나 사물을 표시하는 관형어가 되어, 뒤에 오는 명사를 수식하기도 한다. 자(自) : 시발점을 표시하는 전치사.
* 인부지이불온(人不知而不慍) : 남이 알아주지 않더라도 성내지 않는다. 인(人) : 남, 다른 사람. 이(而) : 역접관계를 표시하는 접속사. 온(慍) : 노여움을 품은 뜻.
* 군자(君子) : '군자답다'라는 뜻의 형용사. 덕(德)을 완성한 이의 명칭. 유가(儒家)의 이상적 인간상.

해영

주지하듯 『논어(論語)』는 배운다는 「학이(學而)」로 시작하여 「요왈(堯曰)」로 마무리 하고 있다. 한 마디로 '배워서 군자가 되고자 하는 과정'이라는 것을 알 수 있다. '배움'은 『논어』에서 가장 중시되는 덕목의 하나다. 즉 '배움'이라는 것은 '온전히 학문하는 것', '홀로 하지 않고 남에게로 미쳐 함께 하는 것', '자신을 위해 하는 것'임을 일러준다.

다시 말하면, 첫 문장은 배움이 몸에 배도록 해야 함을 강조한 말이고, 둘째 문장은 혼자 하는 것이 아니라 남에게로 미쳐야 함을 강조한 것이며, 셋째 문장은 위기지학[1], 즉 자신을 위한 학문을 강조한 말이다. 이것이 체득되면 자연스럽게 얻는 것이 있어 기쁘고, 벗이 생겨 즐거우며, 남들이 알아주지 않아도 성내는 일이 없어 군자[2]가 되는 것이다.

간략하게 세부적으로 살펴보면, 여기서 배운다는 것은 배워서 알고, 안 뒤에는 행하는 것을 겸하여야 함을 이른다. 배울 학(學) 한 글자의 함의는 크고도 넓다. 널리 배우고, 자세히 묻고, 삼가 생각하고, 밝게 분변하고, 힘써 행하는 이른바 '지행이 합일'되는 모든 것이 곧 배우는 것이다. '성현이 경험한 것'을 토대로 천하 만물의 이치를 배우는 것이다.

먼저 깨달은 사람을 이른바 선각자라 하고 나중에 깨친 사람을 후각자라 한다. 후각자는 선각자의 삶을 배워 익숙하게 하는 것이 중요하다. 가령 사물을 물에 담가두면 처음에는 흡수가 안 되는 듯하지만 시간이

1) 위기지학(爲己之學)은 말 그대로 자기 자신을 위해 학문을 한다는 말이다. 그러나 오늘날에는 세상이 자기중심적으로 변화되면서 남에게 보여주기 위한 학문, 이른바 위인지학(爲人之學)이 되어 버렸다. 대표적인 예가 서예(書藝)다. 자신을 수양하기 위한 도구의 하나였던 서예가 언제부턴가 남에게 보여주기 위한 도구로 전락되었다.

2) 군자(君子) : 유가(儒家)의 이상적 인간상인 '군자'는 유덕자(有德者)인 동시에 위정자(爲政者)를 의미한다. 덕이 있는 사람이 정치를 해야 하고, 정치를 하는 사람은 덕이 있어야 한다는 뜻이다. 또 도가(道家)의 신선(神仙)이나 불가(佛家)의 성불(成佛)과는 달리 '군자'는 배워서 벼슬하지 않으면, 교육을 통해 후진을 양성하는 것이 덕목 가운데 하나라는 특징이 있다.

지나면 속까지 푹 젖는 것과 같이 선각자의 삶은 거울이다. 천하의 이치가 내 삶의 이치와 서로 소통되어 편안한 삶으로 이어지기 때문이다.

천하의 이치를 깨닫는 것은, '사람이면 누구나 가능'하다. 하지만 스스로 하는 것은 아니다. 천하의 이치에 통달하여 기쁜 마음으로 그것을 실천한다고 해도 따르는 사람이 없다면, 소용없는 일이기 때문이다. '관계'를 중시하는 유가(儒家)의 속성상 의미 없는 일인 것이다. 가령 모두가 배고파 죽어가고 있는데, 혼자만 배부른 것은 의미 없는 삶인 것이다.

배우는 것은 자기 역량에 달려 있다. 결코 남이 해결해 줄 수 있는 영역이 아니다. 즉 깨우치는 것도 자신의 자세에 달려있지, 남이 해결해 줄 수 있는 것이 아니다. 그러므로 남이 알아주는 것은 그다음 문제다. 가령 먹는 일에서 배부른 것을 인지하여 조절하는 것은 본인의 일이지만, 남의 식사량을 가지고 배부름을 논하는 것은 차원이 다른 것이다.

스스로의 역량을 다해 천하의 이치를 통달하여 실천하는 삶을 추구해도 추종자들이 존재할지 말지는 알 수 없다. 따르는 이들이 다수라면 '태평성대'한 시대가 되겠지만, 따르는 이들이 적어 '난세(亂世)'가 되었다고 성내는 것은 군자의 올바른 태도가 아니다. 의연하고 태연한 마음을 유지하는 것 또한 '군자의 자세'인 것처럼 '수기'는 계속 되어야 한다.

이를 공직자의 삶의 과정으로 잠시 옮겨보자. 첫째, 임용되어 수습과정의 단계, 즉 공직철학을 확고히 인식, 온전히 배우는 과정 둘째, 홀로 하지 않고 남에게로 미치는 단계, 즉 동료는 물론 선후배 공직자들과의 관계를 돈독하게 하는 과정 셋째, 자신을 위한 단계, 즉 퇴직 이후 후배 공직자들이 찾지 않아도 성내지 않고 받아들이는 과정이 그것이다.

공직자는 수기치인(修己治人)의 전형을 지니고 사는 사람들이다. '수기'하는 마음으로 시작하여 '수기'로 마무리하는 과정의 연속이다. 가령 '학문(學問)'으로 시작하여 일정한 때에 이르러 동료들과 '관계(朋友)를 중시'하고, 역할을 마치고 나서는 보답을 바라기보다 후학양성(君子)을 위해 다시 '수기'의 과정을 거치는 것이 '군자'이자 '공직자'인 것이다.

거듭 강조하면, 공직자는 예로부터 '군자(君子)'로 통했다. 즉 사회적으로 강자가 아닌 약자를 위해 존재하는 사람들이다. 이를 위해 '나'를 알아야 하고, '남'을 알아야 한다. 남을 안다는 것은 곧 '마음을 안다'는 것이다. 마땅히 배우고 또 배워 내공(內功)을 쌓아야 하는 이유가 여기에 있다. 내공이 흘러 넘쳐야 고품질의 행정서비스를 구현할 수 있다.

| 효도와 공손 |

유자

유자가 이르기를, "그 사람됨이 효성스럽고 우애가 있으면서 윗사람 범하기를 좋아할 자가 적으니, 윗사람 범하기를 좋아하지 않으면서 난(亂)

을 일으키기를 좋아하는 자는 있지 않다. 군자는 근본을 힘쓰니, 근본이 서면 도(道)가 생기니 효성과 우애는 인(仁)을 행하는 근본인 것 같다."

원문

有子曰 其爲人也孝弟요 而好犯上者鮮矣니 不好犯上이요 而好作亂者未之有也니라 君子는 務本이니 本立而道生하나니 孝弟也者는 其爲仁之本與인저

자해

* 유자(有子) : 공자의 제자로 공자보다 13세가 적었다는 설과 33세가 적었다는 설이 있다. 이름은 유약(有若). 자(字)는 자유(子有). 『논어』에서는 공자의 제자를 일컬을 때 주로 '자'를 썼는데, 증삼(曾參)·유약(有若)·염유(冉有)·민자건(閔子騫)을 증자·유자·염자·민자로 일컬은 예가 각각 17회·3회·3회·1회가 있다. 이는 『논어』가 증삼과 유약의 제자에 의하여 편찬되었다고 주장하는 사람들의 주요 논거가 되고 있다.
* 기위인야효제이호범상자선의(其爲人也孝弟而好犯上者鮮矣) : 그 사람됨이 효성스럽고 우애가 있으면서 윗사람의 뜻을 범하기를 좋아하는 사람은 적다. 기(其) : 일반적인 사람을 가리키는 인칭대사. 야(也) : 음절을 조정하고 어기를 고르는 어기조사. 이런 종류의 어기조사는 중간에 호흡을 잠시 멈춤으로써 청자(聽者)의 주의를 환기하는 역할을 함. 효(孝) : 부모를 잘 섬김. 제(弟) : 제(悌)와 같은 의미로 형을 잘 섬김. 이(而) : 역접 또는 순접관계를 표시하는 접속사. 호(好) : '좋아하다'라는 뜻의 동

사. 범상(犯上) : 윗자리에 있는 사람을 범함. 자(者) : 앞 말의 수식을 받아 전체를 명사구로 만들어 주는 특수대사. 보편적으로 '~하는 사람' 또는 '~하는 것'으로 풀이. 선(鮮) : 적음. 의(矣) : 필연의 결과를 표시하는 어기조사.

* 작란(作亂) : 어기고 거스르며 다투고 싸우는 일.
* 미지유야(未之有也) : 아직 없었다. 미유지(未有之)의 도치형. 고대 중국어, 즉 한문에서는 의문문이나 부정문에서 대사(代詞)가 목적어로 쓰일 경우, 목적어가 대개 동사나 전치사 앞에 위치한다. 미(未) : 아직까지 ~하지 않다.
* 무(務) : 힘을 전일하게 함.
* 본립이도생(本立而道生) : 근본이 서면 도가 생긴다. 본(本) : 근본.
* 야자(也者) : 음절을 조정하고 어기를 고르는 두 개의 어기조사가 연용된 것. 자(者) : 음절을 조정하고 어기를 고르는 어기조사. 경우에 따라 '~라고 하는 것, ~라고 하는 사람'으로 풀이하는 것이 더 자연스러울 때도 있다. 기(其) : 아마, 추측을 표시하는 부사. 위인(爲仁) : 인을 행함. 인(仁) : 사랑의 이치와 마음의 덕. 위(爲) : '~이다'라는 뜻의 동사. 지(之) : 형용사, 동사, 명사, 대사, 주술구조 등의 뒤에 붙어서 그것을 관형어로 만들어 주는 역할을 하는 구조조사(構造助詞). 여(與) : 감탄의 어기를 표시하는 어기조사. 추측을 표시하는 부사 기(其)와 함께 쓰이는 경우, 감탄의 어기와 추측의 어기를 함께 표시한다. 의문사 혹은 '겸손하여 감히 질정하여 말하지 못하는 것'으로도 쓰인다.

해영

세상에서 중요한 가치 가운데 '효도'와 '공손'만한 게 없다. 가령 그 사람됨이 어버이를 모심에 효도하고 형을 존중하면 그 마음이 공손하게 되어 결국 윗사람을 범(犯)하게 되는 일이 적다. 일상적으로 범한다는 것은 불순(不順)한 짓을 말한다. 따라서 작은 불순이라도 저지르지 않으면 도덕과 윤리에 어긋나는 일은 적다고 할 수 있다.

이에 따라 군자, 즉 공직자는 항상 근본인 효도와 공손에 힘써야 한다. 근본이 확고하면, 공직수행에 있어 각각 마땅함을 얻어 어떠한 변수가 생기더라도 크게 어려움에 처하지는 않을 것이다. 효도와 공손이 얼핏 상관관계가 없어 보이지만, 효도와 공손하지 못한 이가 공직자로서 공직을 원활히 수행했다는 이야기는 전해지지 않는다.

'효도하는 마음'과 '공손한 마음'은 모두 인(仁)에서 나온다. 화순한 마음도, 강직한 마음도, 의연한 마음도 모두 '인'이라는 씨앗에서 출발한다. 따라서 공직자라면 마땅히 '효도'와 '공손함'을 익히는 데에 내공(內功)을 쌓으려는 마음을 다져야 한다. 쌓이고 쌓인 내공의 힘이 흘러 넘쳐야 진실로 고품질의 행정서비스를 구현할 수 있다.

| 겉치레의 경계 |

공자

공자가 이르기를, "말을 교묘하게 하고 얼굴빛을 꾸미는 사람 가운데는 인(仁)한 사람이 드물다."

원문

子曰 巧言令色이 鮮矣仁이니라

자해

* 교(巧) : 좋게 꾸며댐. 영(令) : 착하게 함.
* 선의인(鮮矣仁) : 적도다 인이. 강조효과를 위하여 인선의(仁鮮矣)를 도치시킨 것이다. 의(矣) : 감탄의 어기를 표시하는 어기조사.

해영

공자가 강조하는 인(仁)이란 자기 마음의 온전한 덕(德)을 의미한다. '온전한 덕'이 가득 들어차야 '온전한 덕'이 표출되고 그렇지 않으면 표출되지 않는다. 즉 품고 있던 '사욕'이 바깥으로 나갈 때 '말'과 '얼굴빛'에 나타나는 것이다. 때문에 말과 얼굴빛을 꾸미는 이로부터 '온전한 덕'을 기대하는 것은 무리다. 나무에 올라 물고기를 잡는 격이기 때문이다.

학문(學問)은 본래 '자기 자신을 위한 학문', 이른바 '위기지학(爲己之

學)'이었으나, 어느 때부터인지 '남을 위한 학문', 이른바 '위인지학(爲人之學)'이 되어 버렸다. 역설적(Paradox)이게도 세상을 이끌어가는 공직자들 가운데에도 교언영색(巧言令色)하는 이들이 적지 않게 발견된다. 그들로부터 고품질의 행정서비스를 기대하기란 무리가 따를 수밖에 없다.

공직자라면 적어도 겉치레와 관계있는 이른바 교언영색(巧言令色)은 하지 않아야 한다. 선한 마음이 안에 있으면 선한 덕이 온전히 쌓이고, 마음이 밖을 좇기 시작하면, 선한 덕이라도 어느새 꾸미는 마음으로 변질될 수 있다. 이를 예방하기 위해서도 내공(內功)을 필요로 한다. 내공의 힘이 넘쳐야 민중을 위한 고품질의 행정서비스를 구현할 수 있다.

| 허물의 성찰 |

공자

공자가 이르기를, "군자가 중후하지 않으면 위엄스럽지 아니하니 배워도 견고하지 못하다. 충성과 신의를 주로 하며, 자기만 못한 이와 벗하지 말며, 허물이 있거든 고치기를 꺼리지 말라."

원문

子曰 君子不重則不威니 學則不固니라 主忠信하며 無

友不如己者요 過則勿憚改니라

자해

* 중(重) : 중후함.
* 학즉불고(學則不固) : 배워도 공고하지 않다. 즉(則) : ~해도. 역접관계를 표시하는 접속사. 위(威) : 위엄. 고(固) : 견고함.
* 무우(無友) : 친구로 삼지 말라. 무(無) : 금지를 표시하는 부사. 무(毋)와 같음. ~하지 말라. 우(友) : 명사가 의동사(意動詞)로 전용된 것.
* 물탄개(勿憚改) : 고치기를 꺼리지 말라. 물(勿) : 금지를 표시하는 부사. 탄(憚) : 두려워하고 어렵게 여김.

해영

학문하는 근본 이유는 말할 것도 없이 덕을 쌓고 베풀기 위함이다. 따라서 군자가 학문을 하기 위해서는 반드시 중후(重厚)한 바탕을 먼저 길러야 한다. 그래야 아는 것과 행하는 것이 부합될 수 있다. 또 쌓여진 '덕', 즉 '배움'을 베푸는 데 있어서도 반드시 충성스럽고 미덥게 하여 어디에서든지 덕이 통할 수 있게 해야 한다.

허물이란 자신도 모르는 사이 사리(事理)를 잃은 것을 말하고, 악(惡)이란 고의로 이치를 거스른 것을 뜻한다. 때문에 충과 신을 위주로 자신보다 나은 벗을 가까이 하면서 날마다 새로운 덕을 구축하고자 하는 이유도 따지고 보면 이 같은 이유에서다. 신(神)이 아닌 이상, 허물을 완전히 배제할 수 없는 만큼, 용맹정진해야 한다.

거듭 강조하면, 공직자는 적어도 충성스럽고 미더운 자세를 갖춰야 한다. 가볍거나 조급하여 중후하지 못하면 위엄도 곧 사라짐으로써 공직을 수행하는 데 막대한 손실을 초래할 수 있다. 그러므로 자신의 허물을 성찰하는 데에도 내공(內功)을 쌓아야 한다. 그러한 내공의 힘이 흘러 넘쳐야 고품질의 행정서비스를 구현할 수 있다.

| 군자의 학문 자세 |

공자

공자가 이르기를, "군자가 먹음에 배부름을 구하지 않으며, 거처함에 편안함을 구하지 않으며, 일에 민첩하며, 말에 삼가고 도가 있는 데 나아가 바로 잡으면 배움을 좋아한다고 말할 만하다."

원문

子曰 君子食無求飽하며 居無求安하며 敏於事而愼於言이요 就有道而正焉이면 可謂好學也已니라

자해

* 식무구포(食無求飽) : 식사에 있어서 배부르기를 추구하지 않다. 무(無) : 불(不)과 같다.
* 취유도이정언(就有道而正焉) : 도덕이 있는 사람에게 나아가 바로잡다. 언(焉) : 삼인칭 대사로 지(之)와 같으며 일반적인 잘못을 가리킨다.
* 가위호학야이(可謂好學也已) : 배우기를 좋아한다고 할 수 있다. 야이(也已) : 단정적인 어기를 표시하는 어기조사. 야(也)와 이(已)가 모두 단정적인 어기를 표시하지만 이 둘을 연용함으로써 더욱 단정적인 어기를 표시할 수 있다.

해영

군자의 학문 자세는 말할 것도 없이 도(道)를 배우는 것이다. 배부름을 구하는 것은 군자의 도리가 아니다. 또 기거하는 데에도 편안함과는 거리가 멀다. 군자는 오직 일에 있어서 민첩하게 처리, 조금도 늦어짐이 없어야 한다. 말도 삼가는 자세를 유지한다. 말이 행실을 가로 막을까 두려워서다. 어눌한 말을 선호하는 이유도 여기에 있는 것이다.

평소 배부름을 구하는 사람이나 편안함을 추구하는 사람은, 도(道)가 체득된 사람을 만나면 충격을 받는다. 하지만 곧 그의 말과 행실을 본받아 따라하게 된다. 말에서 옳고 그름을 분변(分辨)하고 행실에서 바른 행위를 모범 삼는 것이다. 공직자는 군자다. 매사 삶의 도에 대한 내공(內功)이 필요하다. 내공이 흘러 넘쳐야 군자의 도를 확산시킬 수 있다.

| 남의 병통 |

공자

공자가 이르기를, "남이 자기를 알아주지 않는 것을 걱정하지 말고, 남을 알지 못하는 것을 걱정하라."

원문

子曰 不患人之不己知요 患不知人也니라

자해

* 불환인지불기지(不患人之不己知) : 다른 사람이 자기를 알아주지 않음을 걱정하지 말라. 불(不) : 금지를 표시하는 부사. 물(勿)과 같음. 지(之) : 주어와 술어 사이에 쓰여 주술구조로 하여금 독립성을 잃고 명사구 또는 절(節)이 되게 하는 구조조사. 명사구가 되는 경우 주어나 목적어로 쓰이고, 절이 되는 경우는 대체로 시간이나 가정·조건 등을 표시한다. 불기지(不己知) : 자기를 알아주지 않다. 부정문에서 대사 목적어가 동사 앞에 놓인 형태.
* 환부지인야(患不知人也) : 다른 사람을 알지 못함을 걱정하라. 야(也) : 명령의 어기를 표시하는 어기조사.

해영

공직의 특성상 움직일 때마다 공적(功績)이 쌓일 수밖에 없다. 위인지학(爲人之學), 즉 '남을 위한 학문'을 하는 저급한 정서가 만연된 탓인지, 공직사회도 동료들이 자신의 공적을 알아주기만을 기대하는 정서가 강함을 엿볼 수 있다. 주변 공직자들의 공적도 알아주지 못하면서 자신의 공적만 알아주기를 기대한다? 어찌 보면 난센스라 할만하다.

공직자가 공적을 쌓는 일은 마치 학자가 학문을 하는 것과 같다. 따라서 자신의 공적을 동료들이 알아주지 못한다고 상심할 필요는 없다. 알아주지 못하는 병통이 자신이 아닌 동료들에게 있기 때문이다. 중요한 것은 주변 동료들의 공적을 알아주는 데에도 내공(內功)이 필요하다는 사실이다. 내공이 쌓여야 고품질의 행정서비스를 구현할 수 있다.

위정
(爲政)

| 바른 정치 |

공자

공자가 이르기를, "덕으로 정치하는 것을 비유하면 마치 북극성이 제 자리에 머물러 있으면 모든 별이 그에게로 향하는 것과 같다."

원문

子曰 爲政以德이 譬如北辰이 居其所어든 而衆星이 共之니라

자해

* 위정이덕(爲政以德) : 덕으로 정치를 하다. 정(政) : 바르게 하다. 덕(德) : 도를 행하여 마음에 얻음이 있는 것. 이(以) : 수단이나 방법을 표시하는 전치사.
* 비여북신거기소이중성공지(譬如北辰居其所而衆星共之) : 비유하자면 북

극성이 자기 위치에 자리 잡고 있으면, 뭇별들이 그것을 둘러싸는 것과 같다. 비여(譬如) : '비유하면 ~와 같다. 비유컨대 ~와 같다'라는 의미의 관용어. 북신(北辰) : 북극성, 하늘의 중추(中樞). 거기소(居其所) : 움직이지 않음. 공(共) : 향함. 지(之) : 북신을 가리키는 인칭대사.

해역

요즘 정치는 대체로 힘에 의한 정치를 구사한다. 어떻게 하면 추종자들을 유인하여 자신들에게 유리한 판도를 짤 것인가를 두고 노심초사하는 경우가 허다하다. 소수, 즉 사회적 약자를 위해 국가가 존립한다는데 동의하면서도 실제에서는 헤게모니를 장악하기 위해 폭력도 불사한다. 다수결의 원칙이 대표적인 예다. 역설이자, 모순의 극치다.

예로부터 동양의 선현(先賢)들이 주장한 정치는, '근본을 바르게 하는 것'이라 했다. 이를 위해서는 기강(紀綱)을 세우고 법도(法度)를 베풀어야 한다. 그러나 선행해야 할 것은 치자(治者)가 다스리기 전, 수양(修養)과정에서 얻어 행하는 것을 근본으로 삼아야 한다는 점이다. 즉 덕(德)으로써 교화(敎化)[3]하는 것을 핵심 요체로 여기는 것이다.

다시 말하면, 정치의 근본은 '사람을 바르게 하는 것'을 의미한다. 이를 위해서는 힘(武力)이 아닌 덕(德)에 의한 정치가 되어야 한다. 스스로

3) 교화(敎化)란 인간을 가르쳐 감화시키는 작업을 의미한다. 이를테면 학업을 통하여 가르치는 것을 '교(敎)'라 하고, 행동으로 모범을 보임으로서 사람다움을 권장하는 것을 '화(化)'라 한다. 따라서 '교화'란 이론과 실천이 병행된 이른바 지행합일(知行合一)의 경지에서만 가능하다.

덕을 닦아 남면(南面)[4]하고 있으면, 세상사가 어렵지 않게 돌아갈 수 있다는 논리다. 마치 북극성이 제자리를 잡고 있으면, 모든 별들이 흔들림 없이 그를 중심으로 삼아 돌듯 정치도 마찬가지인 것이다.

공직자는 사실상 모두가 정치인이다. 따라서 정치와 법령을 들이대며 세세하게 주지시켜 민중들에게 따르기만을 강조하기보다는 자신의 위치에서 정치의 근본이 무엇인지 인식하여, '자신의 덕'을 어떻게 공적(公的)으로 펼칠 것인지에 대해 내공(內功)을 쌓는 자세가 필요하다. 내공이 흘러 넘쳐야 진실로 고품질의 행정서비스를 구현할 수 있다.

| 정치와 형벌 |

공자

공자가 이르기를, "정령으로 인도하고 형벌로 가지런히 하면 백성이 면하려고만 하고 부끄러워하지 않는다. 덕으로 인도하고 예로 가지런히 하면 부끄러워하고 또한 선에 이를 것이다."

원문

子曰 道之以政하고 齊之以刑이면 民免而無恥니라

4) 남면(南面)의 본래 의미는 군주의 지위(地位)를 가리키는 말이다. 군주, 즉 지도자가 정사하는 위치가 북쪽에서 남쪽을 향한다는 차원에서 비롯되었다.

道之以德하고 齊之以禮면 有恥且格이니라

자해

* 도지이정(道之以政) : 정령으로써 그들을 인도하다. 도(道) : '인도하다, 이끌다'라는 동사. 도(導)와 같다. 지(之) : 뒤에 나오는 민(民)을 가리키는 인칭대사. 정(政) : 법제(法制)와 금령(禁令).
* 제지이형(齊之以刑) : 형벌로써 그들을 인도하다. 제(齊) : '가지런히 하다, 다스리다'라는 뜻의 동사. '가지런하다'라는 뜻의 형용사가 사역동사로 전용된 것.
* 예(禮) : 제도(制度)와 품절(品節).
* 유치차격(有恥且格) : 수치심도 있고 또한 감화도 받다. 차(且) : 체증(遞增)관계를 표시하는 접속사. 격(格) : '이르다, 감동하다, 감화하다'라는 뜻의 동사.

해영

지도자가 국가를 운영하는데 있어서 중시해야 할 점은 무엇보다 민중이 선(善)을 행하고 악(惡)을 멀리하게 하는 데 있다. 때문에 지도자는 민중을 '선'으로 인도함에 있어서 법령만으로 하지 않고, 먼저 자신의 밝은 덕을 갈고 닦아 이를 근본으로 삼아 민중이 '선'을 행하고 '악'을 멀리하도록 솔선수범(率先垂範)[5]하는 것이다.

민중은 예로부터 지도자로부터 거울삼는다. 지도자가 '솔선'하여 법령(法令)보다 덕(德)으로써 민중을 다스려 나가려는 의지를 표출하면, 민중도 이를 그대로 반영하여 따른다. 그럼에도 지도자가 법령으로만 다스려 나가고자 하면, 따르지도 않을뿐더러 민중은 애써 빠져나가려고만 하거나 법령을 어기고도 부끄러워하지 않는다.

정치와 형벌, 덕과 예가 민중을 감동시키는 기제임에는 틀림없다. 민중들이 여기에 응함에 따라 '법치'와 '덕치'로 나누어진다. 그러므로 지도자는 무엇이 근본이고 무엇이 말단인지 명확히 인식하여 중시할 것과 경시할 것을 엄밀히 분변하여 우선순위에 따라 다스려야 한다. '덕'과 '예'를 중시하는 이유가 여기에 있는 것이다.

좋든 싫든 국가를 운영하는데 있어 정치와 형벌을 폐할 수는 없다. 공직자 또한 법령을 무시할 수 없음은 말할 것도 없다. 따라서 국가가 보다 안정적으로 운영되고 유지되기 위해서는 덕과 예를 중시하는 풍토를 조성하는데 내공(內功)을 쌓아야 한다. 그러한 내공의 힘이 넘쳐야 보다 고품질의 행정서비스를 구현할 수 있다.

---

5) 조선왕조에서는 성리학을 국학으로 삼고, 그 이념을 국시로 채택했다. 따라서 국가의 기본정책은 패도(覇道)가 아닌 왕도정치(王道政治)를 지향하였고, 법치(法治)보다는 덕치(德治)를 우선 하였다. 왕도정치와 덕치는 지도자의 '솔선수범'을 기초로 한다. 이는 법의 강제적 남용을 억제하고 인간의 자율성을 제고하기 위해 교화(敎化)를 통한 인간화 작업을 중시하는 특징이 있다.

| 공직자의 삶 과정 |

공자

공자가 이르기를, "나는 열다섯 살에 학문에 뜻을 두었고 서른 살에 자립하였으며, 마흔 살에 미혹되지 않았고, 쉰 살에 천명을 알았으며, 예순에 귀로 들으면 그대로 이해가 되었고, 일흔 살에 마음이 하고자 하는 바를 좇아도 법도를 넘지 않았다."

원문

子曰 吾十有五而志于學하고 三十而立하고 四十而不惑하고 五十而知天命하고 六十而耳順하고 七十而從心所欲호대 不踰矩호라

자해

* 십유오이지우학(十有五而志于學) : 열하고 다섯 살에 학문에 뜻을 두다. 유(有) : '~와, 그리고, 또'라는 접속사. 우(又)와 같음. 이(而) : 순접관계를 표시하는 접속사. '열다섯 살이 되는 일'과 '학문에 뜻을 두는 일'이 순차적으로 일어남을 표시하는 것이므로 '~하고 나서'라는 어감을 지닌다. 지(志) : '지향하다, 뜻을 두다'라는 동사.
* 천명(天命) : 천도(天道)가 유행하여 사물에 부여한 것, 사물에 당연한 도리의 소이연(所以然).

* 종심소욕(從心所欲) : 마음이 하고자 하는 바를 따르다. 종(從) : 따름. 소(所) : ~하는 바, ~하는 것. 주어와 술어 사이에 쓰여 주술구조를 명사구로 만들어주는 특수대사.
* 구(矩) : 법도의 기구, 모난 것을 만드는 것.

해영

공자가 '스스로의 일생'을 학문의 과정으로 비유한 바 있다. 그러나 학문하는 과정은 때에 맞게 점점 나아가는 것이지, 기계적으로 계량하듯 십 년씩 나누어 논의되는 그런 뜻은 아니다. 다만 공자의 학문하는 태도가 매우 성실하였고, 마음을 비우는 것이 지극하여 대체로 십 년이면 '새로운 도(道)'를 깨달았음을 엿볼 수 있는 대목이다.

'학문하는 과정'을 자세히 들여다보면 곧 '도를 얻는 과정'임을 알 수 있다. 따라서 이를 공직자들의 삶의 과정으로 대체하여 보면 좋겠다. 요즘 공직자들은 대개 서른 전후에 공직생활을 시작하여 예순 전후가 되면 정년을 맞이한다. 대략 30년을 하는 셈이다. 이를 여섯 등분으로 나누면 대략 5년씩 6차(30년)로 구분해 볼 수 있겠다.

초임 5년 1차(30~34세)를 수습하는 과정이라면, 5년 2차(35~39세)는 공직자로서의 존립 이유를 인식하고 대민접촉을 활발하게 펼치는 과정, 5년 3차(40~44세)는 공직생활의 기본인 청렴정신을 상실하지 않고 이어가는 과정, 5년 4차(45~49세)는 하늘이 자신에게 부여한 천명이 무엇인지를 인식하여 활발히 정책을 추진하는 과정이다.

또 5년 5차(50~54세)는 후배공직자들로부터 정책을 논의하는 것만 들어도 모두 이해가 되어 막히거나 지체됨이 없는 과정, 5년 6차(55~60세)는 자신이 펼치고자 하는 것을 두려워하지 않고 추진해도 법도에 어긋나지 않는 과정 등으로 볼 수 있다. 공직자라면 마땅히 이러한 과정이 어긋나지 않도록 항상 내공(內功)을 쌓아야 한다.

| 온고지신 |

공자

공자가 이르기를, "옛것을 익히고 연구해서 새것을 알면 스승이 될 수 있다."

원문

子曰 溫故而知新이면 可以爲師矣니라

자해

* 온고이지신(溫故而知新) : 옛 것을 연구하여 새로운 것을 알다. 온(溫) : 찾아서 풀어냄. 익히고 연구하는 것. '따뜻하다'는 형용사가 '온습하다, 복

습하다, 익히다'라는 사역동사로 전용. 고(故) : 과거에 배운 것. 신(新) : 새로 얻은 것.

* 가이위사의(可以爲師矣) : 스승이 될 수 있다. 가이(可以) : '~할 수 있다, ~해도 좋다'라는 뜻의 조동사. 본래는 조동사 가(可)와 수단·방법을 표시하는 전치사 이(以)가 결합된 형태로 '가히 그것으로써 ~할 수 있다'는 의미인데, 전치사 이(以) 뒤에 올 목적어가 생략됨으로써 아예 조동사로 바뀐 것이다. 의(矣) : 필연의 결과를 표시하는 어기조사.

해영

이미 들은 것은 옛것이고, 지금 얻은 것이 새것이다. 그러나 새것은 옛것 가운데 있다. 때문에 옛것을 폐기하면 지금 것도 알 수 없다. 그렇다고 옛것만을 익히는데 시간을 투자하여 시대에 맞는 새로움이 없다면 그것은 쓸모없는 지식에 불과할 것이다. 따라서 옛것을 봄에도 그 도리(道理)를 좇아 지금 시대에 꼭 필요함을 얻을 수 있도록 적용할 수 있다면, 스승이 될 수 있다.

다시 말해, 옛것이란 오래 전에 알게 된 사리(事理)를 의미하고, 새것이란 옛것 가운데 새것을 의미한다. 문제는 스승이 될 수 있는 조건인 새것을 어떻게 현 시대에 적용시킬 것인지가 핵심이다. 하나의 해법으로 과거 선현들의 삶을 반면교사(反面教師)로 삼는다면, 오늘날의 공직자들에게 '나침반'이 될 수 있다. 물론 나침반으로 삼기 위해 내공(內功)을 쌓아야 함은 말할 것도 없다.

| 두루 통달하는 삶 |

공자

공자가 이르기를, "군자는 그릇이 아니다."

원문

子曰 君子는 不器니라

자해

* 군자불기(君子不器) : 군자는 기물이 아니다. 불(不) : '아니다'라는 뜻의 동사. 비(非)와 같음.

해영

세간(世間)에서는 사람을 종종 그릇에 비유한다. 그릇이 크다, 작다 등으로 구분한다. 즉 포용하는 능력이나 생각의 폭 등을 그릇의 크기로 비유하는 것인데, 만일 군자(君子)[6]라면 기르는 것이 넉넉하기 때문에 본말(本末)이 무엇이고 이뤄야 할 일이 무엇인지를 안다. 일의 대소(大小)나 권

---

6) 여기서의 군자란, 학식과 덕망을 두루 갖춘 완전한 인격자로서 사람을 대하거나 세상을 다스리는 중요한 방향을 제시하는 사람을 뜻한다. 말하자면 특정한 목적에만 사용되는 기물(器物)처럼 전문적인 일에만 종사하는 사람을 의미하는 게 아니다.

도(權道)[7] 등을 명확히 인식하여 때에 맞추어 업을 성취해 나간다.

공자의 이와 같은 주장은 사실 세상의 모든 군자들에게 선언적인 의미의 말이기도 하다. 즉 군자는 어떤 특정한 그릇에 국한되어서는 곤란하다는 의미에서 두루 통달할 것을 전제로 주장한 것이다. 군자가 군자다워야 함에도 간혹 소인(小人)의 행태에서 벗어나지 못한 이들로 인해, 수단의 하나인 '그릇'을 비유적으로 표현, 국한되지 말 것을 강조한 것이다.

이는 입법부나 사법부 혹은 행정부를 막론하고 그곳이 중앙이든 지방이든, 또는 지방이라도 행정과 사회를 가리지 않고 공직자라면 마땅히 그 어느 곳 어느 지점에 위치하든 특정한 기능의 공직자가 아닌 다방면에서 재능을 발휘할 수 있어야 한다는 게 요체다. 이를 위해서도 내공(內功)은 필수다. 내공의 힘이 넘쳐야 민중과 자유롭게 호흡할 수 있다.

| 군자는 무당파 |

공자

공자가 이르기를, "군자는 두루 사랑하되 당파를 만들지 않고, 소인은 당파를 만들고 두루 사랑하지 않는다."

7) '권도'는 상도(常道)의 반대되는 말이다. 권도는 흔히 말하는 융통성과 같은 의미로 쓰인다. 예컨대 평소 형수의 손을 잡지 않는 것을 '상도'라 한다면, 위기 때 형수를 구출하기위해 손을 잡는 행위를 '권도'라 한다.

원문

子曰 君子는 周而不比하고 小人은 比而不周니라

자해

* 주이불비(周而不比) : 두루 사랑하되 편당하지 않다. 주(周) : 널리 하는 것, 친밀하다. 비(比) : 편당(偏黨)하는 것, 결탁하다.

해영

군자[8]든 소인이든 남과 친밀하게 지내려 하는 것은 마찬가지다. 마음씀씀이가 다를 뿐이다. 군자는 마음 씀씀이가 공정하면서 두루 사랑하고 친밀감과 소원함이 늘 이치에 합당하여 사사로운 감정에 휩쓸려 당파를 형성하지 않는 특징이 있다. 반면 소인은 마음씀씀이가 사사로워 개인적인 감정에 사로잡혀 결국 당파를 형성하고야 만다.

군자와 소인의 행실이 이처럼 정반대지만, 그 차이는 사실 '털끝만큼' 밖에 차이가 나지 않는다. 언제든 군자가 소인의 행실을 할 수 있고, 소인도 마음씀씀이에 따라 군자의 마음으로 변모시킬 수 있기 때문이다. 그러므로 공직자는 늘 군자라는 자신의 입장을 명확하게 인식하여 공정한 마음과 편당하지 않는 마음 자세를 유지해야 한다.

8) 유가(儒家)의 이상적 인간상인 '군자(君子)'는 유덕자(有德者)인 동시에 위정자(爲政者)를 의미한다. 덕이 있는 사람이 정치를 해야 하고, 정치를 하는 사람은 덕이 있어야 한다는 뜻이다. 따라서 '공직자'는 예로부터 '군자'로 지칭되고 있다.

조선의 21대 임금인 영조(재위 : 1724~1776)는 그 시대가 편당이 워낙 심해 탕평(蕩平)에 대한 의지의 표현으로 공자의 위와 같은 말씀을 종종 새겼다. 그의 "두루 사랑하면서 치우쳐 편을 가르지 않음은 군자의 공평한 마음이요, 치우쳐 편을 가르고 두루 사랑하지도 못하는 것은 소인의 사사로운 마음이다."[9]라는 '탕평어'가 잘 대변해 주고 있다.

공직자의 행태에 따라 행정서비스의 질은 천양지차(天壤之差)다. 따라서 배우는 사람은 두 가지, 즉 군자와 소인의 차이를 잘 살펴 행하는 이른바 찰미(察微)[10]에 능숙해져야 한다. 이를 위해 공직자들은 군자적 행태를 유지하는 데에도 마땅히 내공(內功)을 필요로 한다. 내공의 힘이 흘러 넘쳐야 보다 고품질의 행정서비스를 구현할 수 있다.

| 배움과 생각함 |

공자

공자가 이르기를, "배우고 생각하지 않으면 어둡고, 생각하고 배우지 아니하면 위태롭다."

---

9) 周而弗比, 乃君子之公心, 比而弗周, 寔小人之私意.

10) 중국 진나라 때, 여불위(呂不韋)에 의해 만들어진 『呂氏春秋』에 나오는 말로, '작은 부분을 잘 살펴야 함'을 뜻한다. 흔히 '조짐'이란 의미로 쓰이기도 하는데, 검찰의 '찰'과, 경찰의 '찰'이 모두 같은 의미에서 비롯된 말이다. 가령 암세포를 초기에 발견하면 치유하기 쉽듯, 사태가 커지기 전에 조기에 조짐을 파악하는 일이 무엇보다 중요하다는 의미다. 공직자는 물론 위정자들이 반드시 새겨야 하는 말이다.

원문

子曰 學而不思則罔하고 思而不學則殆니라

자해

* 학이불사즉망(學而不思則罔) : 배우기는 하지만 사색(생각)하지 않으면 어둡다. 이(而) : 역접관계를 표시하는 접속사. 즉(則) : ~하면 곧. 조건에 따른 결과를 표시하는 접속사. 즉(卽)과 같다. 망(罔) : 어둡다. 체계가 없다.
* 태(殆) : 위태롭다. 오류나 독단에 빠질 위험이 있다.

해영

일반적으로 '배운다는 것'과 '생각한다는 것'은 어떤 의미가 있을까? 특히 치우치지 않고 '배우고 생각한다는 것'은 쉽지 않은 문제다. 천하의 이치가 만(萬) 가지로 나뉘어 있지만 어찌 보면 모두가 마음속에 존재하고 있다. 때문에 각각의 사물이 담고 있는 이치를 궁구하면 '어두움'과 '위태로움'에서 벗어날 수 있다.

만일 '생각 없이 배우기'만 하고 그 사물이 가지고 있는 특성(이치)을 알아내지 못한다면 어떻게 될까? 그것은 귀와 입, 팔과 다리만을 움직였을 뿐이지, 처음 그 자리에서 한발도 진보하지 못한 사실상 시간만 허비되었을 가능성이 크다. 수박 겉핥기와 같이 핵심에는 접근조차 못하는

우(愚)만 남을 가능성이 크다.

반대로 생각만 하고 배우기를 꺼려한다면 어찌될까? 몽상가적인 입장에서 벗어나지 못하여 무수한 시간만 허비할 가능성이 높다. 남아 있던 정밀함도 무뎌질 것이 뻔하며 제대로 된 소견도 없어 결국 위태로움에서 벗어나지 못할 것이다. 그러므로 배우고 생각하는 마음을 동시에 갖는 균형 감각이 요구되는 것이다.

'민중의 마음을 읽어내는 것'으로부터 시작하여 그에 상응하는 행정력을 구사, 확충하기 위해서는 끊임없이 배우고자 하는 마음과 생각하는 마음이 동시에 작동되도록 훈련을 거듭할 필요가 있다. 물론 훈련을 위한 내공(內功)이 필요함은 말할 것도 없다. 내공의 힘이 흘러 넘쳐야 공직자의 이름에 부합될 수 있다.

| 참된 앎 |

공자

공자가 이르기를, "유야, 너에게 안다는 것이 무엇인지 가르쳐 주겠다. 아는 것을 안다고 하고, 모르는 것을 모른다고 하는 것, 이것이 아는 것이다."

원문

子曰 由아 誨女知之乎인저 知之爲知之요 不知爲不知가 是知也니라

자해

* 유(由) : 공자의 제자 중유(仲由)를 말함. 자는 자로(子路) 또는 계로(季路)로 지칭하기도 함. 노(魯)나라 사람으로 공자보다 9세가 아래였으며, 성격이 용맹스럽고 남에게 지기 싫어하는 성격의 소유자였음.
* 회여지지호(誨女知之乎) : 너에게 안다는 것이 무엇인지를 가르쳐 줄까. 여(女) : 2인칭대사, 여(汝)와 같음. 지지(知之) : 회(誨)의 직접 목적어. 지(之)는 일반적인 대상을 가리키는 인칭대사. 호(乎) : 의문의 어기를 표시하는 어기조사.
* 지지위지지(知之爲知之) : 아는 것을 안다고 하다. 위(爲) : ~라고 하다. 위(謂)와 같음.
* 시지야(是知也) : 이것이 아는 것이다. 시(是) : 지지위지지, 부지위부지(知之爲知之, 不知爲不知)를 가리키는 지시대사. 야(也) : 판단 또는 진술의 어기를 표시하는 어기조사.

해영

철학자이자 교육자인 공자, 요즘말로 이른바 '맞춤형 눈높이 교육'을 세계 최초로 시도한 교사로 규정해도 손색이 없다. 성질 급한 제자에게

는 더디게 움직이는 교육, 지나치게 느긋한 제자에게는 바로 발동할 수 있는 교육, 위의 자로(子路)와 같이 용맹을 앞세우고 남에게 지기 싫어하는 제자에게는 훈계를 통해 성품을 부드럽게 하는 교육을 하였다.

자로는 자신이 간혹 모르는 것이 있어도 남에게 지기 싫어하는 성품 탓에 항상 아는 체하였다. 이러한 성품을 인지한 공자는 사물의 도리에 대해 일러주고 훈계하였다. 가령 '아는 것을 안다'고 하고, '모르는 것을 모른다'고 하는 것이야 말로 자신을 속이지 않는 '정직', 그 자체인 것이며, 이것이야 말로 '진정으로 아는 것'이라고 일러준 것이다.

공자의 이 같은 언급은 전문용어로 '인식론'에 해당되는 말이지만, 쉽게 얘기하면 '참된 앎'에 대해 언급한 것이라 할 수 있다. 진실로 아닌 것을 아니라고 할 수 있는 것은 깨달은 사람만이 실천할 수 있는 덕목이다. 공직자가 옳은 것을 옳다고 하고, 그른 것을 그르다고 하는 것 또한 정직의 한 형태다. 이를 위한 내공(內功)도 필요함은 물론이다.

| 공정한 인사? |

공자

애공[11]이 물었다. "어떻게 하면 백성이 복종합니까." 공자가 이르기를,

11) 애공(哀公)은 노(魯)나라의 임금이다. 재위 기간은 (B.C.494~B.C.468)이다.

"정직한 사람을 들어 쓰고 모든 굽은 사람을 버려두면 백성이 복종하고, 굽은 사람을 들어 쓰고 모든 정직한 사람을 버려두면 백성이 복종하지 않습니다."

원문

子曰 哀公이 問曰 何爲則民服이니잇고 孔子對曰 擧直錯諸枉則民服하고 擧枉錯諸直則民不服이니이다

자해

* 거직조저왕(擧直錯諸枉) : 곧은 것을 들어서 굽은 것 위에 놓다. 거(擧) : 들다. '등용하다'로 볼 수 있으나 전체적인 말의 의미로 볼 때, '들다'로 보는 것이 적합하다. 조(錯) : 버려두고 쓰지 않음. 저(諸) : 지어(之於)와 같다. 무리, 중(衆)과 같음.

해영

인사? 자주 거론되는 것 자체가 쉽지 않다는 반증이다. 같은 책, 「안연(顔淵)」에서도 "곧은 사람을 들어 쓰고 모든 굽은 사람을 버리면, 굽은 사람으로 하여금 곧게 할 수 있다."[12]고 하였고, 순자는 "굽은 나무는 반드시 도지개에 넣거나 불에 쬐어 바로잡은 연후에 곧아지고, 무딘 쇠는 반드시 숫돌에 간 뒤에 날카롭게 된다. 사람의 '악'한 본성은 반드시 스승

12) 『論語』, 「顔淵」 : 子曰, 擧直錯諸枉, 能使枉者直.

이나 법도를 기다린 후에 바로잡히며 예의를 얻은 후에 다스려진다."[13]고 하였다.

200년 전, 정조(正祖)도 예외는 아니었다. 가령 "마음이 곧은 이를 등용하고 굽은 이를 놓아두는 것은 곧 나라를 다스리는 데 있어서의 첫째 급선무이다."[14]라고 언급한 바 있다. 진실로 바르고 곧은 사람을 발탁하고 굽은 사람을 배척하면, 권하고 징계하는 것이 마땅하여 장차 선한 사람이 계속 발탁되고 악한 사람은 배제됨으로써 다수의 구성원들이 이에 따르게 된다는 것이다. 정직한 사람이 다수 포진되어야 민중이 건강해지기 때문이다.

또 정조는, "1년의 두 차례 도목(都目)[15]은 세상에서 대정(大政)이라 부르는 것인데, 대정은 대부분 적체되었던 사람들을 소통시켜 주는 것을 위주로 한다. 그러나 적체를 소통시키는 것만을 위주로 하면 인재를 고르는 데 실책을 범하기 쉽고, 인재를 고르는 것만을 위주로 하면 적체를 소통시키는 데 실책을 범하기 쉽다.…일정한 방소(方所)를 두지 않고 관직을 위하여 사람을 골랐던 뜻이 그 가운데 병행하도록 하면 좋을 것"[16]

---

13) 『荀子』, 「性惡」 : 枸木必將待檃栝烝矯然後直, 鈍金必將待礱厲然後利. 今人之性惡, 必將待師法然後正, 得禮義然後治.

14) 『弘齋全書』 卷168, 「日得錄」, 政事3. : 擧直錯枉, 卽治國之第一急務.

15) 도목정사(都目政事)의 약칭. 이는 고려 때의 제도로서 해마다 음력으로 6월과 선달에 벼슬아치의 성적이 좋고 나쁨에 따라서 벼슬자리를 떼어 버리거나 좋은 데로 올리거나 하던 일을 말한다.(『類選』 卷4上, 人事篇5, 治道門2.)

16) 『弘齋全書』 卷168, 「日得錄」, 政事3. : 教曰, 一年兩都目, 世所稱大政, 而大政多主於疏滯. 然只主疏滯, 則易失於擇人, 只主擇人, 則易失於疏滯. 要須古人立無方爲官擇之意, 竝行於其

이라 하였다.

정직을 선호하고 거짓을 혐오하는 것은 인지상정이다. 때문에 구성원들의 마음을 헤아려 군자와 같은 사람을 발탁하면 구성원들은 쌍수를 들어 환영할 뿐 아니라 믿고 따른다. 하지만 역으로 소인과 같이 간사하고 사사로움에 밝은 사람을 발탁하면 구성원들의 신뢰는커녕 따르지도 않는다. 구성원이 따르는지, 따르지 않는지는 결국 '곧은 사람을 발탁하느냐?' '굽은 사람을 발탁하느냐?'에 달려 있는 셈이다. 지도자들이 반드시 새길 대목이다.

中, 方好.

팔일
(八佾)

| 예악의 본질 '인' |

공자

공자가 이르기를, "사람으로서 어질지 않으면 예(禮)는 무엇하며, 사람으로서 어질지 않으면 악(樂)은 무엇하겠는가."

원문

子曰 人而不仁이면 如禮에 何며 人而不仁이면 如樂에 何오

자해

* 인이불인(人而不仁) : 사람이 어질지 않다면. 이(而) : 가정이나 조건을 표시하는 접속사.
* 여례하(如禮何) : 예에 의거하는 것이 무슨 의미인가. 여(如) : '따르다, 의거하다'라는 의미의 동사로, 여기서는 '~에 따라 행하다. ~에 의거하

여 행하다'라는 뜻을 지닌다.

해영

어질다는 것의 본래 의미는 온전한 덕(德)의 다른 말이다. 사람들이 온전한 덕을 잃지 않고 살아간다면, 자연스럽게 질서와 화합이 도모되어 예악(禮樂)의 당위로 삼기에 충분할 것이다. 그러나 온전한 덕을 잃고 산다면, 만사가 간사한 마음으로 흘러 방탕하게 됨으로써 결국 '예악'의 사회에서 멀어질 것이다. 이런 지경에 이르면, 날마다 '예악'을 위해 구성원들 모두가 적지 않은 시간을 투자한다 하더라도 인위(人爲)에서 벗어나지 못한다.

사회가 건강하게 작동되기 위해서는 예와 악이 분명한 사회가 되어야 한다. 예(禮)는 다른 말로 질서를 의미하고, 악(樂)은 화합을 함의하고 있다. '예'만 강조되면 경직된 사회가 될 수밖에 없고, '악'만 강조되면 문란한 사회에서 벗어나지 못하게 된다. 예악이 조화를 이뤄야 하는 이유가 여기에 있는 것이다. 그러므로 공직자들은 끊임없이 '예악'의 조화를 위해 내공(內功)을 쌓아야 한다. 내공이 흘러 넘쳐야 진실로 민중과 더불 수 있다.

| 아첨 |

공자

왕손가[17]가 물었다. "안방 신에게 아첨하기보다는 차라리 부엌 신에게 아첨하는 것이 낫다고 하니 무엇을 말한 것입니까." 공자가 이르기를, "그렇지 않다. 하늘에 죄를 얻으면 빌 곳이 없다."

원문

王孫賈問曰 與其媚於奧론 寧媚於竈라하니 何謂也잇고 子曰 不然하다 獲罪於天이면 無所禱也니라

자해

* 여기미어오, 영미어조(與其媚於奧, 寧媚於竈) : 아랫목에 아첨하느니 차라리 부뚜막에 아첨하는 편이 낫다. 여기~ 영~(與其~ 寧~) : ~하느니 차라리 ~하다. 오(奧) : 방의 서남쪽 구석. 제사를 지낼 때 신주를 모시는 곳이며 집안의 어른이 거처하는 곳. 직접적으로는 그곳에 거처하는 어른을 가리키나, 실제로는 위나라 영공을 비유적으로 가리킨다. 조(竈) : 다섯 제사의 하나로 여름에 부엌에 설치하여 지내는 제사를 말함. 또한 부뚜막이란 음식을 만드는 곳이므로 실권자가 있는 곳이라는 의미. 직접적으로는 그곳에서 일하는 찬모(饌母)를 의미하지만, 실질적

17) 왕손가(王孫賈)는 위(衛)나라 영공(靈公)의 대부로 성이 왕손(王孫)이고, 이름은 가(賈)다.

으로는 왕손가 자신을 가리킨다.

* 무소도(無所禱) : 빌 곳이 없다. 소(所) : '장소'라는 의미의 명사.

해영

오래 전, 안방은 높은 곳이고 귀(貴)한 곳으로 여기는 반면, 부엌은 낮은 곳이고 천(賤)한 곳으로 여겼다. 그래서 제사를 지낼 때는 시동(尸童)을 맞아 안방에서 먼저 거행하고, 부엌에는 그 다음으로 가는 곳이었다. 쉽게 말하면, 안방은 군주(君主)요, 부엌은 왕손가(王孫賈) 자신을 일컫는다. 공자가 벼슬하고자 한다면, '군주'보다는 '왕손가' 자신에게 아부할 것을 비유적으로 제사의 예를 들어 제안한 것이다.

왕손가의 본의를 꿰뚫은 공자는 안방 신이나 부엌 신에게 아부하는 행위는 합당한 자세가 아닐 뿐더러 천리(天理)에도 거스르는 행위로 보았다. 천리를 따르면 복이 오고, 거스르면 화가 오는 법인데, 군주나 권세 있는 이들에게 아부하여 자리를 탐하는 것은 있을 수 없는 일로 여긴 것이다. 제안을 거절한 것은 당연했다. 군주나 권세 있는 신하에게 아첨하는 행위야 말로 하늘에 죄를 짓는 일이었기 때문이다.

왕손가는 안방 신과 부엌 신을 비유하여 공자의 답을 유도하였다. 그러나 공자는 하늘의 이치를 들어 안방 신과 부엌 신을 일거에 무력화시켰다. 또한 아첨을 제안한 왕손가의 입을 원천봉쇄 시켰다. 사정이 이러함에도 신분상승을 위해 권세가들을 찾아 아첨하는 행위가 오늘날에도 성행하고 있다. 직분에 충실한 것이 정도임에도 아랑곳 않는다. 아첨하기보다 차라리 정도를 지켜야 한다. 그것이 하늘의 도다.

| 모르면 묻는 것 |

공자

공자가 태묘에 들어가서 매사를 묻자 어떤 사람이 말하였다. "누가 추인(鄹人)의 아들[18]이 예를 안다고 말하였는가? 태묘에 들어서 매사를 묻는구려." 공자가 듣고 이르기를, "이것이 예이다."

원문

子入大廟하사 每事를 問하신대 或曰 孰謂鄹人之子를 知禮乎오 入大廟하야 每事를 問이온여 子聞之하고 曰 是禮也니라

자해

* 태묘(大廟) : 노(魯)나라 시조인 주공(周公)의 사당.
* 추인지자(鄹人之子) : 추읍 사람의 아들. 공자를 가리킨다.

18) 공자의 아버지인 숙량흘(叔梁紇)이 추읍(鄹邑)에서 대부를 지냈기 때문에 공자를 추인의 아들이라고 말한 것이다.

* 시례야(是禮也) : 이것이 예이다. 시(是) : 입태묘매사문(入大廟每事問)을 가리키는 지시대사. 겸허하고 삼가는 것이 바로 예의 본질이라는 뜻에서 이렇게 말한 것이다. 야(也) : 판단 또는 진술의 어기를 표시하는 어기조사.

해영

공자가 벼슬에 나아가 태묘(大廟)의 제사에 참여했을 때다. 일찍이 예문(禮文)과 예기(禮器)에 박식했던 그였지만 직접 담당해 보지는 않았기 때문에, 그 상황에 맞도록 하는 일이 서툴러 동료들에게 자주 물었다. 모르면 묻는 것이 마땅했기 때문이다. 그러나 당시 사람들은 예(禮)로 유명했던 공자가 묻고 또 물어오자, '어떤 자가 감히 예(禮)를 잘 안다고 말했던가?'라며 비웃었다. 이에 공자는 모르면 묻는 게 바로 예라고 한 것이다.

공직자들이 직무에 만전을 기하기 위해서는 공직에 대한 의식뿐만 아니라 요령을 확실히 터득해야 한다. 이를 위해서는 동료 공직자들의 지적 자산을 통해 온고지신(溫故知新)이나 법고창신(法古創新)하고자 하는 다짐이 필요하다. 공직에 대한 흐름도 제대로 읽어내지 못하면서 스스로의 능력을 과대평가하여 마구 사업을 펼치려는 태도는 올바른 공직자의 자세가 아니다. 묻는 것이 예이기도 하지만 시행착오를 줄이는 방책이기도 하다.

최근 공직사회에서도 진보적인 마인드니 보수적인 마인드니 하는 공직관이 서서히 거론되고 있다. 진보적인 공직관에 대해 부정할 일은 아니나, 공직의 특성상 그 직을 수행하는 과정에서는 철저히 보수적일 필요가 있다. 자칫 계량할 수 없을 만큼, 피해가 발생될 수 있기 때문이다. 알고 알지 못하는 사이에서 민중의 삶은 달라진다. 그러므로 묻는 데에도 내공(內功)이 필요하다. 내공이 흘러 넘쳐야 고품질의 행정서비스를 구현할 수 있다.

| 예와 아첨 |

공자

공자가 이르기를, "임금을 섬기는데 예를 다하는 것을 사람들은 아첨한다고 한다."

원문

子曰 事君盡禮를 人이 以爲諂也라 하니라

자해

* 인이위첨(人以爲諂) : 사람들이 아첨한다고 여기다. 이위(以爲) : ~라고 여기다. 첨(諂) : 아첨하다, 알랑거리다, 사특하다.

해영

공자시대에도 어지간히 예(禮)와 아첨(阿諂)에 대해 논란이 있었던 모양이다. 군주 섬기는 신하의 자세를 두고 '예'니 '아첨'이니 말들이 많았기 때문이다. 그러나 분명한 것은 '예'에 의지하여 공경하고 삼가서 감히 소홀하지 않는 행위로 일관한다면, '예'로 볼 수 있다는 사실이다. 물론 이를 위해서는 '예'의 본질을 인식하는 것이 선행되어야 함은 말할 것도 없다. '예'를 모르고 상대를 보면 멋대로 재단하여 '아첨'으로 오인하기 때문이다.

이는 현 공직사회에서도 여전히 논란의 중심에 있다. 가령 '예'에 입각, 자신의 입장에서 윗사람에게 공경하는 예를 다하는 사람이라도, 유사한 입장에 있는 이른바 경쟁관계에 있는 이들로부터는 아첨꾼으로 몰릴 수 있기 때문이다. 하지만 자신의 입장에서 도리를 다하는 것은 '아첨'이 될 수 없다. 대개 '예'로써 '아첨'할 수 없는 것처럼, '예'와 '아첨'은 명확히 다르다. 특정 목적을 달성하기 위해 마음에도 없는 생색내기와는 다른 것이다.

시대가 급변하고 그에 따라 혼란이 거듭되면서 지키지 못하게 된 것을 찾아보면 '예'가 대표적이다. 그런 점에서 특수한 환경의 계급사회인 공직사회에서 '예'와 '아첨'은 어쩌면 사라지지 않는 영원한 숙제[19]라 할

19) 아랫사람이 윗사람 섬기는 것을 예(禮), 즉 충(忠)으로 한다면, 윗사람 또한 아랫사람을 대하는 데 있어서 반드시 예(禮)로써 대해야 한다.(『論語』, 「八佾」 : 定公問, 君使臣, 臣事君, 如之何. 孔子對曰, 君使臣以禮, 臣事君以忠.)

것이다. 그럼에도 평소의 습관에서 '예'와 '아첨'은 확실히 구별된다는 점을 숙지하여 끊임없이 '예'를 통해 윗사람과 소통하기 위한 내공(內功)을 쌓아야 한다. 내공의 힘이 흘러 넘쳐야 고품질의 행정서비스를 구현할 수 있다.

이인 (里仁)

| 인한 곳의 선택 |

공자

공자가 이르기를, "마을이 인(仁)한 것이 아름다우니 가려서 '인'한데 거처하지 않으면 어찌 지혜롭다고 하겠는가?"

원문

子曰 里仁이 爲美하니 擇不處仁이면 焉得知리오

자해

* 이인위미(里仁爲美) : 마을이 인(仁)한 것이 아름답다. 리(里) : 25가(家)의 마을. 위미(爲美) : 아름답다. 좋다. 위(爲) : '~이다'라는 뜻의 동사. 뒤에 오는 형용사와 결합하여 '~하다'라는 뜻의 술어를 이룬다.
* 택불처인(擇不處仁) : 인(仁)에 거처하지 않음을 선택하다. 인(仁)은 처(處)의 목적어이고 불처인(不處仁)은 택(擇)의 목적어이다.

* 언득지(焉得知) : 어떻게 지혜로운 행위일 수 있겠는가. 득(得) : '~할 수 있다'라는 조동사. 지(知) : 지혜롭다. 지(智)와 같다.

해영

사람이 세상을 살아가면서 살 곳을 선택하는 일은 중요하다. 마을 가운데 풍속과 습관이 인후(仁厚)하면 가난과 질병을 상호 구원하게 되고, 보고 듣는 바에 이로움이 있어서 자신의 '덕'과 '예'를 쌓아나갈 수 있다. 뿐만 아니라 과실(過失) 또한 상호 권함으로써 줄여나갈 수 있다. 때문에 지혜로운 사람들은 거처를 중시했다. 일반 민중의 삶 또한 이럴진대 공공기관이 들어설 자리를 택하거나 구심점 역할을 하는 기관의 자리는 말할 것도 없다.

오늘날의 마을들은 주로 도시 형태를 띠고 있다. 공직자의 지혜로움이 그 만큼 크게 요구되는 시대다. 공직자의 생각 정도에 따라 민중의 삶의 질이 달라질 수 있다는 점에서 성찰이 필요하다. 이러한 차원에서 오늘날의 신도시 중심의 정책을 보면 비판하지 않을 수 없다. 예컨대 50만 명이 사는 분당 신도시를 단 5년 만에 건설을 마친 사례는 역사상 그 유래를 찾을 수 없다는 점에서도 초기 신도시 정책을 담당했던 자들은 반성해야 한다.

물론 '부동산'이라는 특수한 기능의 정책 하나만을 놓고 본다면 일부 동의되지 못할 일도 아니지만, '인후'한 마음으로 상호 관계를 돈독하게 하여 '덕'과 '예'를 쌓아가는 삶에 기초하여 보면 이러한 신도시 정책은 한마디로 '야만' 그 자체라 아니할 수 없다. 가령 부동산의 특성상 성장과 성숙, 쇠퇴, 천이단계로 접어들게 되는데, 이 시기가 도래되면 혼란은 불가피할 수밖에 없다. '인후나 덕, 예'는커녕 나라를 걱정해야 하는 상태가 될지도 모른다.

그러므로 세상의 이른바 '앞서가는 사람들'은 '인후'한 곳을 택하여, 민중들의 화락(和樂)을 위해 고심의 고심을 하여 터를 정하고, 부동산의 특성을 감안, 서서히 확대함과 동시에 인(仁)한 삶이 될 수 있도록 온갖 민생정책으로 뒷받침 하고 있는 것이다. '인'한 마음을 방기할 수 없는 이유가 여기에 있는 것이다. '인'한 정책을 위해서도 내공(內功)이 필요함은 물론이다. 내공이 흘러 넘쳐야 보다 양질의 삶을 담보할 수 있는 기제가 될 수 있다.

| 마음의 온전한 덕 '인' |

공자

공자가 이르기를, "인(仁)하지 않은 자는 오랫동안 곤궁함에 처하지 못하며 오랫동안 즐거움에 처하지 못하니, '인'한 자는 '인'을 편안하게 여기고 지혜로운 자는 '인'을 이롭게 여긴다."

원문

子曰 不仁者는 不可以久處約이며 不可以長處樂이니 仁者는 安仁하고 知者는 利仁이니라

자해

* 불가이구처약(不可以久處約) : 오랫동안 곤궁함에 처할 수 없다. 가이(可以) : '~할 수 있다'는 뜻의 조동사. 약(約) : 곤궁함.
* 인자안인(仁者安仁) : 인자는 인을 편안하게 여기다. 안(安) : '편안하다'라는 뜻의 형용사가 '편안하게 여기다'라는 뜻의 의동사(意動詞)로 전용된 것.
* 지자리인(知者利仁) : 지혜로운 자는 인을 이롭게 여기다. 리(利) : 탐함. '이롭다'라는 뜻의 형용사가 '이롭게 여기다'라는 뜻의 '의동사'로 전용된 것.

해역

'인(仁)'은 근본적인 마음이자, '덕의 근원'이다. 때문에 '인'한 사람은 삶의 환경이 곤란해도 오랫동안 즐거움으로 삼고 처하지만, '인'하지 못한 사람은 그 뿌리가 깊지 못해 오랫동안 그 근본을 유지하기 어렵다. 잠시 곤궁한 삶을 즐거운 경지로 삼아 머물 수는 있으나 지속하지는 못한다. 그러나 '인'하지는 못하더라도 지혜로운 마음이 존재한다면 하늘의 이치를 알 수 있는 소견(所見)이 생겨나 '인'에 가까운 생활로 변화될 수도 있다.

공직자는 군자이자, '인'을 주도해야 하는 존재다. 그럼에도 군자의 행실은 물론 '인'에 반하는 행태를 보인다면 비난을 면키 어려울 수밖에 없다. 특히 민중을 위해 존재한다고 눈만 뜨면 부르짖으면서도 '인'한 마음을 끝내 폐기한다면, 결국 반민중적인 행태를 마구 저질러 오히려 민중들에게 적폐(積弊)만 남기고 말 것이다. 때문에 공직자는 '인'을 구현하기 위해 내공(內功)을 쌓아야 한다. 내공이 넘쳐야 공직 본래의 의미를 찾을 수 있다.

| 좋아함과 미워함 |

공자

공자가 이르기를, "오직 인(仁)한 자라야 사람을 좋아할 수 있고 사람을 미워할 수 있다."

원문

子曰 唯仁者가 能好人하며 能惡人이니라

자해

* 능오인(能惡人) : 사람을 미워할 수 있다. 오(惡) : '미워하다, 증오하다'라는 뜻의 동사. 인(人) : 기(己)와 반대, 즉 타인(他人)을 지칭.

해영

공직자(公職者)는 말 그대로 공적인 업무를 담당하는 사람이다. 공명정대(公明正大)가 담보되어 있어야 한다. 이를 위해서는 마음에 사사로움이 없어야 한다. 그럼에도 자신을 위해 챙겨주는 사람들만 선호하고 그렇지 않은 사람을 도외시 하는 풍조가 조성된다면, 오래지 않아 공직 환경은 거칠어지고 말 것이다.

내부와 외부고객을 막론하고, 원만한 관계를 유지하기 위해서는 '인'한 마음을 길러야 한다. '인'한 마음을 한없이 길러 내공(內功)이 쌓이면, 자신도 모르는 사이 공적인 업무를 수행하는 데 무리가 없게 된다. 뿐만 아니라 진정으로 '칭찬할 만한 이를 칭찬'할 수 있고, '과오(過誤)를 범한 이를 미워'할 수 있다.

| 선비의 도 |

공자

공자가 이르기를, "선비로서 도(道)에 뜻을 두고서도 나쁜 옷과 나쁜 음식을 부끄러워하는 자와는 더불어 의논하지 못할 것이다."

원문

子曰 士志於道而恥惡衣惡食者는 未足與議也니라

자해

* 미족여의야(未足與議也) : 더불어 의논(토론)하기에 부족하다. 미(未) : 일반적으로 '아직까지 ~하지 못하다'라는 뜻으로 쓰이지만 불(不)과 같은 뜻으로 쓰이기도 한다.

해영

공직자가 되어 민중의 손발이 되겠다고 수고를 마다 않는 이가 한둘이 아니다. 어렵게 취직(就職)[20]에 성공하여 공직을 수행하는 과정에서 공직의 도(道)를 망각하는 이들이 적지 않다. 안타까운 일이다. '공직의 도'와 '일반기업의 도'는 분명하고도 명확히 분변된다. 그럼에도 자신의 처지를 망각하고 천한 행위를 일삼는 것은 애초부터 뜻을 두지 않아 공직자가 되지 않은 사람과 별반 다름이 없는 일이다.

예로부터 공직자는 선비요, 군자로 불렸다. 오로지 민중을 위해 존재하는 사람인 것이다. 때문에 좋지 않은 옷과 음식을 마다하지 않고 생활하는 데에도 내공(內功)을 쌓아야 한다. 그러한 내공의 힘이 흘러 넘쳐야 자신은 물론 주변의 공직자들과도 다양한 주제를 놓고 민생(民生)을 논할 수 있다. 민중의 마음을 넓혀주고 채워주는 이른바 확충(擴充)하는 사업도 열악한 환경을 이겨낼 수 있을 때 가능하다.

---

20) 엄밀하게 말해, 취직(就職)은 '공직에 나아가는 것'을 뜻하고, 취업(就業)은 '일반기업에 나아가는 것'을 의미한다.

| 회덕과 회형 |

공자

공자가 이르기를, "군자는 덕을 생각하고 소인은 땅을 생각하며, 군자는 형벌을 생각하고 소인은 은혜를 생각한다."

원문

子曰 君子는 懷德하고 小人은 懷土하며 君子는 懷刑하고 小人은 懷惠니라

자해

* 군자회덕(君子懷德) : 군자가 가슴 속에 덕으로써 다스릴 생각을 품다. 군자(君子) : 민중을 다스리는 사람을 지칭.
* 소인회토(小人懷土) : 소인이 가슴속에 자신이 살아온 정든 땅에 머물 생각을 품다. 소인(小人) : 군자에 대칭되는 개념으로 통치를 받는 대상을 지칭.
* 회덕(懷德) : 고유한 선을 보존함. 회토(懷土) : 처하는 바에 편안함. 회형(懷刑) : 법을 두려워함. 회혜(懷惠) : 이(利)를 탐함.

해영

군자와 소인은 지향하는 바가 이처럼 판이하다. 덕(德)은 정신이요, 땅

(地)은 물질을 상징한다. 즉 '덕'은 사람이 하늘의 선한 이치를 얻은 것이므로 군자는 항상 간절하게 생각하여 잊어버리지 않아 지극히 선한 경지에 이르고자 하지만 소인은 이와 반대다. 몸과 마음이 항상 편안하기만을 기대하기 때문에 형벌의 두려움을 모르고 은혜 받기만을 즐긴다.

공직자가 직무를 수행하면서 어려움이 동반되는 것은 어쩌면 이러한 '소인적 기질'의 민중들 때문일 것이다. 눈만 뜨면 '이로움'과 '편암함'을 추구하고자 하는 행태로 인해 공직자도 자칫하면 소인적 기질로 변화될 수 있음에 경계해야 한다. 물론 이러한 기질을 이해하는 데에도 내공(內功)이 필요하다. 무리 없이 행정서비스를 구현할 수 있는 기반이다.

| 위기지학 |

공자

공자가 이르기를, "지위가 없는 것을 근심하지 말고 지위에 설 자격을 근심하며, 자기를 알아주지 않는 것을 근심하지 말고 알아줄 만한 사람이 되기를 구해야 한다."

원문

子曰 不患無位요 患所以立하여 不患莫己知요 求爲可知也니라

자해

* 환소이립(患所以立) : 서는 방법을 걱정하다. 소이(所以) : '방법'이라는 뜻의 명사.
* 불환막기지(不患莫己知) : 아무도 자기를 알아주지 않음을 걱정하지 않다. 막(莫) : '아무도 ~하지 않다'라는 뜻의 무칭(無稱) 지시대사. 영어의 'nobody, none, nothing' 등과 같이 대사적 기능과 부정 부사적 기능을 겸한다. 기지(己知) : 자기를 알아주다. 부정문에서 목적어가 동사 앞에 놓인 것.
* 구위가지(求爲可知) : 알만한 상태가 되기를 추구하다. 구(求)는 위가지(爲可知)를 목적어로 하고 위(爲)는 가지(可知)를 목적어로 한다.

해영

"남이 자기를 알아주지 않는 것을 걱정하지 말고, 남을 알지 못하는 것을 걱정해야 한다."[21]는 구절과 유사한 구절이다. 공직의 특성상, 구성원 간 경쟁은 불가피하다. 때문에 공적을 논하는 정서가 강한 것도 이상한 일이 아니다. 그러나 공직자는 공직자답게 냉철해야 한다. 실적을 공적으로 인정하는 풍토를 시급히 마련해야 한다.

뿐만 아니다. 다수의 구성원들이 선호하는 자리에 가지 못하는 것을 근심할 게 아니라, 현재 자신이 차지하고 있는 자리가 과연 감당할 수 있는 자리인지도 성찰해야 한다. 그러한 성찰의 자세를 유지하는 데에도

21) 『論語』, 「學而」 : 子曰, 不患人之不己知, 患不知人也.

내공(內功)이 필요함은 말할 것도 없다. 내공의 힘이 흘러 넘쳐야 진정 부끄러움이 없는 행정서비스를 구현할 수 있다.

| 자기 성찰 |

공자

공자가 이르기를, "어진 이를 보고 같아지기를 생각하며 어질지 못한 이를 보고 안으로 스스로 반성해야 한다."

원문

子曰 見賢思齊焉하며 見不賢而內自省也니라

자해

* 견현사제언(見賢思齊焉) : 현명한 사람을 보면 그 사람과 나란히 되기를 생각하다. 언(焉) : 어시(於是)와 같으며 어(於)는 비교의 대상을 표시하는 전치사이고 시(是)는 현(賢)을 가리키는 지시대사이다.
* 견불현이내자성야(見不賢而內自省也) : 현명하지 못한 사람을 보면 속으로 자신을 돌아본다. 이(而) : ~하면 곧. 조건에 따른 결과를 표시하는 접속사. 자성(自省) : 자신을 돌아보다.

해영

세상 사람 모두가 이른바 '선한 사람들'로만 구성되어 있다면 누가 선한 사람인지를 모르고 살 것이다. 언제부터인지는 모르겠으나 고약하게도 세상은 선한 사람들을 구분하게 만들었다. 때문에 군자는 구성원들 가운데 선한 이들은 계속 선하게, 선하지 않은 이들은 선한 사람으로 교화(敎化)[22]시키고자 애를 써왔다. 이런 사람들의 노고로 선하지 않은 이들은 반드시 선한 사람의 행태를 본받아 결국 선한 사람과 같아지기를 시도하게 된다. 물론 자신과 같이 선하지 않은 이들의 행태를 보고서는 성찰하게 됨은 부연할 필요도 없다.

남의 장점을 확인하면 사실 그 장점만을 보는 것이 아니라 그 사람의 행태 전반을 따라하게 되는 시너지가 발생한다. 반대로 단점을 발견하면 그 단점만 성찰하는 것이 아니라 그 사람의 단점 전반을 살펴 성찰하게 되어 이 또한 결과적으로는 도움이 된다. 공직자는 군자이다. 좋든 싫든 선하지 않은 이들을 교화시켜 선한 사람으로 변모시켜야 하는 막중한 책무를 지고 있는 것이다. 끝내 뜻을 이루지 못하여 결과가 좋지 않더라

22) 교화(敎化)란 인간을 가르쳐 감화시키는 작업을 말한다. 예컨대 학업을 통하여 사람을 가르치는 것을 '敎'라면, 행동으로 이를 실천하여 모범을 보임으로서 사람다움을 권장하는 것을 '化'라 한다. 따라서 '교화'란 이론과 실천이 병행되어야 가능하며, 교육보다 질적으로 고양된 고차원의 인간화 작업으로 지행일치의 경지에서만 가능하다. "교화가 널리 펴지고 마음 속에 깊이 스며들어 백성이 화목하게 되었다"는 『한서(漢書)』, 「예문지」의 구절이 말해 주듯이, 교화는 지식의 전달이 아니라 인간의 도리를 가르쳐 상호 존중의 사회를 만드는 과정이기 때문에 일방통행이 될 수 없다. 반드시 가르치는 주체의 모범적 행동이 요구되고 따라서 배우는 사람이 대상을 존경해야만 가능하므로 쌍방 간의 공감대와 합의가 필요하다.(김해영, 『철학자, 정조의 효치를 분석하다』, 안티쿠스, 2012, 287쪽.)

도 시도해야 한다. 이를 위해서도 내공(內功)은 필수다. 내공이 넘쳐야 끊임없이 상대를 설득할 수 있다.

| 몸단속 |

공자

공자가 이르기를, "단속하여 실수하는 자는 적다."

원문

子曰 以約失之者鮮矣니라

자해

* 이약실지자(以約失之者) : 절제함으로써 잃는 사람. 약(約) : 떠벌리거나 자기 멋대로 하지 않음. 행동을 절제하고 제약하다. 지(之) : 일반적인 사실과 사물, 사람을 가리키는 인칭대사.
* 선의(鮮矣) 적다. 의(矣) : 필연의 결과를 표시하는 어기조사.

해영

공직자들의 양태를 살펴보면, 단속을 수시로 하는 존재들임을 볼 수 있다. 공직의 특성상 어느 집단의 성원들과 비교해도 손색이 없을 만큼 대단한 조직이다. 항상 간약(簡約)하면 수렴(收斂)하고 금속(禁束)하여, 사람들로 하여금 규구(規矩)와 준승(準繩)에 의거하여 단속을 한다. 때론 지나칠 정도로 단속의 연속이다. 그나마 실수가 적은 이유다.

공직자는 치인(治人)하는 존재다. 세상을 이끄는 사람인 것이다. 단속하는 일에도 솔선해야 하는 이유가 여기에 있다. 스스로 단속하면 실수가 줄어드는 법인 만큼, 쓸데없는 말을 줄이고 유효적절한 말을 선택하여 구사하면, 상대의 자존심은 물론 화(禍)를 멀리할 수 있다. 내공(內功)을 쌓아야 한다. 내공의 힘이 흘러 넘쳐야 절제가 가능하다.

| 군자의 언행 |

공자

공자가 이르기를, "군자는 말에 어눌하고, 행하는 데 민첩하고자 한다."

원문

子曰 君子는 欲訥於言而敏於行이니라

자해

* 눌(訥) : 어눌하다. 더듬거리다.

해영

『논어』에서 대표적인 리더십(Leadership) 세 가지를 꼽으면 학이시습(學而時習 : 배우고 때에 알맞게 익힘)의 '학습형 리더십'과 화이부동(和而不同 : 사람들과 조화를 잘 이루면서 주체성을 잃지 않음)의 '포용형 리더십', 눌언민행(訥言敏行 : 말은 어눌하게 하고 실천은 민첩함)의 '실천형 리더십'을 들 수 있다. 여기서 '학이시습'과 '화이부동'도 중요한 리더십이지만 '눌언민행'의 리더십이 무엇보다 가치 있는 리더십이라 할 수 있다.

공직자는 '시대의 리더'로서 직급과 상관없이 사실상 정치인이다. 어떤 마음을 지니고 실천하느냐에 따라 민중의 삶은 달라진다. 공자가 위(衛)나라에서 '염유'라는 제자와의 논의에서 '백성들이 잘 먹고 잘 살게 되면, 가르쳐야 한다'고 강조한 것도 같은 맥락이다. 말은 어눌하지만 행실에 민첩성을 요구하는 것은 정책을 확실히 매듭짓기 위한 일종의 장치이다. 내공(內功)을 쌓아야 한다. 내공이 쌓여야 실책을 줄여갈 수 있다.

| 덕과 이웃 |

공자

공자가 이르기를, "덕은 외롭지 않다. 반드시 이웃이 있다."

원문

子曰 德不孤라 必有隣이니라

자해

* 덕(德) : 얻는 것. 덕이 있는 사람을 가리킨다.
* 린(隣) : 이웃, 친함.

해영

사람이 덕(德)을 폐기하면서 사는 사람은 없다. 사정이 나빠도 덕을 완전히 배제하지는 못한다. 특히 덕이라고 하는 것이 선한 마음이 지속적으로 쌓인 결과라는 점에서 쉽게 사라지지 않는다. 때문에 덕이 있으면 반드시 상호 구원하는 일이 생겨 결국 이웃으로까지 발전하는 것이다. 동서고금을 막론하고 '덕'을 찬양하는 것은 이 때문이다.

한편 '덕'에 기반한 정직(正直)은 성실(誠實)이라는 덕목과 함께 끈질기게 생명력을 유지하고 있다. 정직은 때로 시대에 뒤떨어진 천박한 가치로 비춰지기도 하지만, 끊임없이 은미하게 그 빛을 발하는 것은 역시 선량한 다수의 자양분이 되고 있다. 이를 위해서도 내공(內功)은 필요하다. 내공이 흘러 넘쳐야 양질의 이웃을 확대할 수 있다.

공야장 (公冶長)

| 게으름의 경계 |

공자

재여[23)]가 낮에 자거늘 공자가 이르기를, "썩은 나무에는 새기지 못할 것이며, 썩은 흙으로 쌓은 담은 흙손질하지 못할 것이니, 재여에게 무엇을 꾸짖겠는가?" 공자가 이르기를, "처음에는 내가 사람에 대하여 그 말을 듣고 그 행실을 믿었으나, 이제 내가 사람에 대하여 그 말을 듣고 그 행실을 살펴보게 되었으니 재여 때문에 이를 고치게 되었다."

원문

子曰 宰予晝寢이어늘 子曰 朽木은 不可雕也며 糞土之牆은 不可杇也니 於予與에 何誅리오 子曰 始吾가 於人也에 聽其言而信其行이라니 今吾於人也에 聽其言而觀其行하노니 於予與에 改是와라

23) 공자의 제자로 자(字)가 자아(子我)이고, 여(予)는 그의 이름이다.

자해

* 주침(晝寢) : 낮에 잠을 자다. 명사가 부사어로 쓰인 것.
* 후(朽) : 썩음. 조(雕) : 조각. 오(杇) : 흙손질. 여(與) : 어조사. 음절을 조정하고 어기를 고르는 어기조사.
* 분토지장(糞土之墻) : 썩은 흙으로 쌓은 담.
* 어여여하주(於予與何誅) : (싸가지 없는) 재여에게 무엇을 꾸짖겠는가? 하주(何誅) : 의문문에서 대사 목적어가 동사 앞에 놓인 것. 주(誅) : 꾸짖다. 베다.
* 시오어인야(始吾於人也) : 처음에는 내가 다른 사람에 대하여. 어(於) : 동작의 대상을 표시하는 전치사. 야(也) : 음절을 조정하고 어기를 고르는 어기조사.
* 어여여개시(於予與改是) : 재여로 인하여 이것을 바꾸다. 어(於) : ~인하여, ~에 의하여. 원인과 근거를 표시하는 전치사. 여(與) : 음절을 조정하고 어기를 고르는 어기조사.

해영

재여의 평소 언행은 학문하는 것을 좋아하고 뜻을 독실하게 하는 의론이 강했던 사람이다. 그러나 낮잠을 잘 시간이 아니었음에도 잠자는 것이 목격되자 그간의 행동이 말에 미치지 못하는 것을 인지한 것이다. 곧 말을 들으면, 행함이 있는지 살피게 된 것이다.

공직의 분위기를 읽지 못하여 어둡게 지내거나, 직무를 더디게 수행한다고 큰 문제가 되지는 않는다. 그러나 정책(政策)을 추진하겠다고 발표하고 직무를 때에 맞춰 수행하지 않는다면 문제는 달라진다. 자칫 건잡을 수 없는 소용돌이로 빠져들 수 있기 때문이다.

사업을 위해 정책을 발표하기 전까지 숙고에 숙고를 거듭하다 시일이 늘어난다 해도 참는 건 어렵지 않지만 성과를 위해 발표부터 남발하는 행위는 공직에서 작지 않은 일이다. 공직의 이름에 걸 맞는 행위를 위해서라도 공직자는 언행에 신중을 기할 필요가 있다.

공직자들의 태도에 따라 민중의 삶의 질이 달라질 수 있음은 주지의 사실이다. 공직자들이 언과 행에 심사숙고해야 하는 이유가 여기에 있는 것이다. 따라서 언행이 일치되도록 늘 내공(內功)을 쌓아야 한다. 내공이 흘러 넘쳐야 고품질의 행정서비스를 구현할 수 있다.

| 장점 칭찬 |

공자

공자가 자산[24]을 평하여 이르기를, "그에게 군자의 도가 네 가지 있었으니, 몸소 행할 때에 공손하여, 윗사람을 섬길 때에 공경하며, 백성을 기

24) 정(鄭)나라 대부인 자산(子産)을 일컫는다. 성은 공손(公孫), 이름은 교(僑), 자산은 자(字)다.

를 때에 은혜로우며, 백성을 부릴 때에 의로웠다."

원문

子謂子產하되 有君子之道가 四焉이니 其行己也恭하며 其事上也敬하며 其養民也惠하며 其使民也義니라

자해

* 자위자산(子謂子產) : 공자가 자산에 대하여 평하다. 위(謂) : 평하다.
* 유군자지도사언(有君子之道四焉) : 군자의 도를 네 가지 지니고 있다. 언(焉) : 진술의 어기를 표시하는 어기조사.
* 기행기야공(其行己也恭) : 그가 자기의 생각을 실행함이 공손하다. 기(其) : 자산을 가리키는 인칭대사. 야(也) : 음절을 조정하고 어기를 고르는 어기조사. 공(恭) : 겸손.
* 경(敬) : 삼감. 혜(惠) : 사랑하고 이롭게 하는 것. 의(義) : 정사를 행함에 마땅함을 얻음.

해영

사람을 평가할 때, 장점을 평함으로써 더 성장하게 할 때도 있지만 비판을 통해 성장하게 하는 경우도 있다. 공자는 자산을 평함에 있어서 부족한 점은 드러내지 않고, 장점만을 열거, 칭찬하였다. 그가 군자의 도를 잘 실천했기 때문이다. 가령 벼슬이 상경(上卿)에 이르렀음에도 몸가짐이

신실하고 공로가 탁월했음에도 자랑하지 않고 오히려 공손하기까지 했다. 한마디로 몸가짐의 도와 군자의 도가 일치했다.

자산은 군주를 네 명이나 섬겼다. 그들을 위해 충심을 다했다. 안으로는 정사를 가지런히 하고 밖으로는 제후들과 친목하여 처음부터 끝까지 삼가면서 최대한 공경으로 일관했다. 군주 섬기는 데에도 군자의 도가 맞은 것이다. 한마디로 군주 섬기는 도가 군자의 도에 부합한 것이다. 아울러 은혜로써 백성 기르는 것이 군자의 도인데, 이 또한 자산은 정성을 다해 백성을 구원하여 피폐한 삶에서 구제했다.

의로움을 통해 백성과 호흡하는 것도 '군자의 도' 가운데 하나다. 그는 백성을 부릴 때도 상하의 등급을 분별하고 피차의 이익을 균등하게 하여 음란하고 방탕한 백성을 지속적으로 단속했다. 갈등이 완화되었다. 한마디로 백성 부리는 도가 군자의 도에 부합한 것이다. 네 가지의 도를 갖춘 자산은 천자를 높이고, 백성을 안전하게 이끌어 정나라가 약소국에서 일약 강대국으로 변모하는데 커다란 공헌을 하였다.

자산이 다스리던 춘추시대의 정치 환경과 정보화시대의 한 가운데에 있는 오늘날의 정치 환경이 같을 수는 없다. 그러나 의식구조는 크게 달라져 보이지 않는다. 윗사람을 공경하고 아랫사람을 헤아려야 하는 삶의 구조는 달라지지 않은 것이다. 때문에 자산의 행태를 모범 삼을 만하다. 물론 '공손함의 도'와 '민중을 은혜롭게 하는 도'를 구사하기 위해서도 내공(內功)을 쌓아야 한다. 내공이 쌓여야 이끌 수 있다.

| 덕을 훔침 |

공자

공자가 이르기를, "누가 미생고[25]를 곧다고 말하였는가? 어떤 사람이 초를 빌리려고 하자, 그는 이웃집에서 빌려다가 주었더구려."

원문

子曰 孰謂微生高直고 或이 乞醯焉이어늘 乞諸其鄰而與之온여

자해

* 혹걸혜언(或乞醯焉) : 어떤 사람이 그에게 식초를 얻다. 혜(醯) : 식초. 언(焉) : 어시(於是)와 같으며 시(是)는 미생고(微生高)를 가리키는 인칭대사.
* 걸저기린이여지(乞諸其鄰而與之) : 그것을 그의 이웃에서 얻어다가 그에게 주다. 저(諸) : 지어(之於)와 같으며 지(之)는 혜(醯)를 가리키는 인칭대사. 기(其) : 미생고를 가리키는 인칭대사. 지(之) : 혹(或)을 가리키는 인칭대사.

25) 노(魯)나라 사람으로 성은 미생(微生), 이름은 고(高)다. 당시 곧은 사람으로 알려져 있었다. 일설에는 『莊子』, 「盜跖」에 나오는 미생고(尾生高)와 동일인이라고 한다. 그는 한 여자와 다리 밑에서 만나기로 약속했는데, 여자가 오기 전에 비가 내려 물이 불어나자 다리 기둥을 붙들고 죽었다고 한다. 미생지신(尾生之信)의 고사가 있다.

해영

이치에 따라 마음을 따르게 하면 그것을 정직(正直)이라 한다. 조금이라도 삐뚤어진 마음이 개입되면 그것은 정직에서 멀어진다. 사람들이 미생고를 정직한 사람으로 불렀지만 자세히 보면, 그것은 정직과는 거리가 먼 남의 덕을 훔친 것에 불과했다. 식초는 당시에도 어렵게 구할 수 있는 물건이 결코 아니었다. 누구에게나 빌릴 수 있는 그런 식재료였다.

미생고에게 있어서 식초가 떨어졌으면 떨어졌다고 했어야 옳다. 그런데 미생고는 이웃에게 그것을 빌려다 주었다. 만일 그가 빌려줄 식초가 없다고 했다면, 식초를 빌리러 온 사람은 분명 이웃에게 식초를 빌렸을 것이다. 그렇다면 식초를 빌려준 사람이 덕이 있게 되는 것이다. 이를 미생고가 빌려다 줌으로써 마침내 이웃의 덕을 훔친 결과가 된 것이다.

정직은 자기에게서 비롯되어야 한다. 사사롭게 남이 가지고 있는 덕을 가져다가 자신이 부여하는 것처럼 하는 것은 결코 정직이 될 수 없다. 많은 사람이 좋다고 하더라도 살펴봐야 하고, 부정하더라도 살펴봐야 하는 것은 이러한 이유 때문이다. 정직과 부정은 행태 하나에 갈린다. 이를 살필 수 있는 내공(內功)은 필수다. 내공이 쌓여야 정직을 행할 수 있다.

옹야
(雍也)

| 온전한 '인' |

공자

공자가 이르기를, "안회는 그 마음이 석 달 동안 인을 어기지 않고, 그 나머지는 하루나 한 달에 한 번 이를 따를 따름이다."

원문

子曰 回也는 其心이 三月不違仁이오 其餘則日月至焉而已矣니라

자해

* 기심삼월불위인(其心三月不違仁) : 그 마음이 석 달 동안 인에서 떠나지 않다. 기(其) : 회(回)를 가리키는 인칭대사. 삼월(三月) : 구체적으로 3개월을 의미하는 게 아니라 오랜 세월을 뜻한다. 위(違) : 떠나다, 멀리하다.

* 일월지언이이의(日月至焉而已矣) : 하루나 한 달 거기에 이를 뿐이다. 일월지언(日月至焉) : 혹 하루 한 번씩 이르고, 혹 한 달에 한 번씩 이르러서 그 지경에 나아가기는 하나 오래하지 못하는 것. 언(焉) : 어시(於是)와 같으며 시(是)는 인(仁)을 가리킨다. 이이의(而已矣) : '~일 뿐이다'라는 뜻의 어기조사.

해역

인(仁)이라는 것은 '온전한 마음의 덕(德)'을 지칭한다. 마음에 사사로운 감정이 이입되지 않아야 '덕'이 쌓일 수 있다. 공자의 수제자인 '안회'는 항상 의연한 마음가짐으로 극기(克己)하는 공부가 깊고 넓어 견문(見聞)과 언행(言行)이 일치하여 하늘에서 부여한 이치와 거의 같았다. 석 달이 되어도 그 마음이 몸에서 떠나지 않아 '인'이 중심을 잡아 몸과 마음이 평안을 유지했다.

공자의 제자가 '안회'만 있는 것은 아니었지만, 유독 '안회' 만큼은 칭찬에 인색하지 않았다. 다른 제자들 또한 '인'을 좋아하여 종사하지 않은 것은 아니지만, 지속적으로 공부에 매진하지 못하여 '안회'의 공부가 상대적으로 부각되었다. 대체로 '덕'에 대한 각오를 다지더라도 사욕으로 인해 가려져 '인'을 어기게 되면 또 시도하고 가리는 과정이 거듭되다 보니 거리가 생긴 것이다.

따라서 공자의 의도는 모든 제자들이 안회처럼 온전한 덕을 쌓고 구현할 수 있도록 하기 위해 유독 그를 칭찬한 것으로 볼 수 있다. 그로 하여금 제자들이 학문에 더욱 힘쓸 것을 간접적으로 권면(勸勉)한 것이다. 공부하는 환경에 익숙해지면 관성으로 지속할 수 있다는 점에서 표창한 것이다. 하루, 삼일, 한 달이 지나고 석 달이 지나도록 공부에 진력하면 누구나 관철할 수 있다.

공직에서의 '상벌제도'도 범주를 조금 확대하면 이와 무관하지 않은 제도다. 평생학습 차원에서 '유학'을 보내거나 '일정한 교육점수를 이수하도록 하는 제도'도 따지고 보면 공직에 대한 철학을 확실히 인식하게 하여 이를 지속적으로 이어가기 위한 조치다. 그러한 마음을 유지하기 위해서도 내공(內功)을 쌓아야 함은 물론이다. 내공이 쌓여야 민중의 바른 삶을 이끌 수 있다.

| 정치도 재능 |

공자

계강자[26]가 물었다. "중유(仲由)[27]는 정치에 종사하게 할 만합니까?" 공자가 이르기를, "중유는 과단성이 있으니 정치에 종사하는데 무엇이 어

26) 노나라의 대부 계손비(季孫肥).

27) 공자의 제자인 중유(仲由), 자는 자로(子路).

렵겠는가." 계강자가 말하였다. "사(賜)[28]는 정치에 종사하게 할 만합니까?" 공자가 이르기를, "사는 사리에 통달하였으니 정치에 종사하는데 무엇이 어렵겠는가." 계강자가 말하였다. "구(求)[29]는 정치에 종사하게 할 만합니까?" 공자가 이르기를, "구는 재능이 많으니 정치에 종사하는데 무엇이 어렵겠는가."

원문

季康子問 仲由는 可使從政也與잇가 子曰 由也는 果하니 於從政乎에 何有리오 曰 賜也는 可使從政也與잇가 曰 賜也는 達하니 於從政乎에 何有리오 曰 求也는 可使從政也與잇가 曰 求也는 藝하니 於從政乎에 何有리오

자해

* 중유가사종정야여(仲由可使從政也與) : 중유는(그로 하여금) 정치에 종사하게 할 수 있는가. 사종정(使從政) : 정치에 종사하게 하다. 사(使) 다음에 목적어가 생략되어 있다. 야여(也與) : 의문의 어기를 표시하는 어기조사. 과(果) : 결단함.
* 어종정호하유(於從政乎何有) : 정치에 종사하는데(문제가 될 것이) 무엇이 있겠는가. 호(乎) : 음절을 조정하고 어기를 고르는 어기조사. 하유

28) 공자의 제자인 단목사(端木賜), 자는 자공(子貢).

29) 공자의 제자인 염구(冉求), 자는 자유(子有).

(何有) : 의문문에서 동사와 목적어가 도치된 것.

* 달(達) : 사리에 통달함. 예(藝) : 재능이 많음.

해영

노나라의 실권자인 계강자가 자신의 권위는 높게 여기면서 공자의 제자들은 경시하는 차원에서 질의 응답하는 장면이다. 공자는 오히려 대부의 지위를 가볍게 보고, 제자들의 특성을 고려하여 당연히 정치에 종사할 수 있음을 변론하였다. 즉 '자로'에 관해서는 성품이 강직하고 결단성이 있어서 가능하다고 했고, '자공'에 대해서는 현명할 뿐만 아니라 사리에 밝아 가능하다고 하였으며, '자유'에 관해서는 생각이 깊고 일을 처리하는 방법을 잘 알고 있으므로 가능하다고 하였다.

공자가 '자로'와 '자공', '자유' 세 사람의 장점만을 일러준 것은 지니고 있는 재능을 잘만 활용하면 모두가 쓸모 있는 인재가 될 수 있음을 보여준 것이다. 공직자들도 마찬가지다. 사실상 정치에 종사하는 이들인 만큼, 공직자 개개인의 특성을 파악할 필요가 있다. 과단성이 있어서 직무를 넉넉히 처리하는지, 통달하여 급한 것을 다스릴 수 있는지, 다양한 일에 능통한지를 살펴보는 것이다. 사람을 보는 데에도 내공(內功)이 필요하다. 내공이 쌓여야 적재적소가 보일 수 있다.

| 스스로의 즐거움 |

공자

공자가 이르기를, "어질도다. 안회여! 한 대그릇의 밥을 먹고 한 표주박의 물을 마시고서 누추한 거리에서 사는 것에 대하여 사람이 그 근심을 견디지 못하는데 안회는 그 즐거움을 고치지 아니하니 어질구나. 안회여!"

원문

子曰 賢哉라 回也여 一簞食와 一瓢飮으로 在陋巷을 人不堪其憂어늘 回也不改其樂하니 賢哉라 回也여

자해

* 현재회야(賢哉回也) : 훌륭하도다. 회는. 감탄효과를 높이기 위하여 현재(賢哉)와 회야(回也)를 도치시킨 것. 재(哉)·야(也) : 감탄의 어기를 표시하는 어기조사.
* 일단사(一簞食) : 한 대그릇의 밥. 단(簞) : 대나무 오리를 엮어서 만든 밥그릇. 여기서는 밥의 양을 헤아리는 양사(量詞)로 쓰였다. 사(食) : 밥.
* 일표음(一瓢飮) : 한 바가지의 물. 표(瓢) : 박을 쪼개 만든 바가지. 여기서는 물의 양을 헤아리는 양사로 쓰였다. 음(飮) : 마실 것. 물을 가리킨다.

* 재루항(在陋巷) : 누추한 거리에 있다. 누항(陋巷) : 빈민촌을 뜻한다.

해영

누구나 '안회'와 같은 삶을 보면, 아름다워 칭찬하지 않을 사람은 없을 것이다. 지극히 가난하게 살면서도 태연하게 그것을 즐거움으로 삼는 것은 보통의 내공이 아니기 때문이다. 이는 '안회'가 가난한 마음이 즐거운 마음을 이기지 못하도록 '덕'을 잘 쌓은 덕분이다.

형태는 다양하지만 부유한 사람이 공직에 임용될 경우, 보유하고 있는 재산을 처분하여 이른바 '사회적 약자'를 위해 쓰라는 말이 있다. 그렇지 않으면 '악화가 양화를 구축'한다고 공직사회 환경이 급속도로 악화되어 '사회적 약자'가 오히려 증가될 수 있기 때문이다.

공직자는 자신을 위하는 존재라기보다는 본질적으로 타인, 즉 '사회적 약자'를 위해 존재하는 사람들이다. 다시 말해 재물과 거리를 두지 않아서는 안 된다는 의미다. 가난함이 미덕인 공직사회를 만드는 것이 '공직사회 개혁'과 '부정부패를 척결'하는 첩경인 것이다.

세상이 변해 안회와 같은 삶을 요구할 수는 없다. 그러나 안회와 같은 삶에 대해 적어도 근심으로 여기지 않도록 환경을 조성해야 하는 것은 의무다. 그러므로 가난한 마음을 이겨낼 수 있는 내공(內功)은 필수다. 내공이 쌓여야 공직자가 존립할 수 있는 근거가 된다.

| 소인보다 군자 |

공자

공자가 자하[30]에게 일러 말하기를, "너는 군자인 선비가 되고, 소인인 선비가 되지 말라."

원문

子謂子夏曰 女爲君子儒요 無爲小人儒하라

자해

* 여위군자유(女爲君子儒) : 너는 군자다운 선비가 되라. 여(女) : 여(汝)와 같다. 군자(君子) : '군자답다'라는 뜻의 형용사로서 유(儒)를 수식하는 관형어. 유(儒) : 학자의 호칭.
* 무위소인유(無爲小人儒) : 소인적인 선비가 되지 말라. 무(無) : 금지를 표시하는 부사. 무(毋)와 같다.

해영

공자는 배우는 모든 제자들에게 '군자다운 선비'가 되어야지, '소인적인 선비'가 되어서는 곤란하다고 주장한다. 군자[31]인 선비와 소인적 선비

---

30) 위(衛)나라 사람으로 공자의 제자다. 자하(子夏)는 그의 자(字)이고, 이름은 복상(卜商)이다.
31) 공자는 여자(女子)가 되기보다는 숙녀(淑女)가 될 것을 권하고, 소인(小人)보다는 끊임없이

의 차이는 '마음 씀씀이'에 달려 있다. 가령 군자인 선비는 '인간의 도'를 연구하여 의리와 이익을 잘 분변하여 스스로 행하지만, 소인적인 선비는 오직 자신의 명예와 이익만을 위하여 배운 것을 이용할 뿐이다.

최근 공직사회 일각에서는 고위관료들[32]이 직접 '따스한 인문학적 감성행정'을 펼쳐 화제가 되고 있다. 사회가 책문(策問)하면 마땅히 대책(對策)을 강구해야 하는 공직자들의 행위가 화제(話題)가 되는 것 자체가 어쩌면 화제다. 공직자는 군자다. 이를 위해 내공(內功)을 쌓아야 한다. 내공이 흘러 넘쳐야 '따스한 인문학적 감성행정'을 지속할 수 있다.

| 바탕과 꾸밈 |

공자

공자가 이르기를, "바탕이 꾸밈을 이기면 거칠고, 꾸밈이 바탕을 이기면 호화로우니 꾸밈과 바탕이 어우러진 연후라야 군자이다."

노력해서 기필코 군자(君子)가 될 것을 권한다. 숙녀와 군자가 정신적으로 통달한 사람이라면, 여자와 소인은 물질적으로 통달한 사람을 의미한다. 공직자는 군자다. 이름에 걸맞은 군자가 되기 위해 끊임없이 수련해야 하는 이유다.

32) 일부 중앙정부의 장·차관을 비롯한 고위공직자들이 그들이다.

원문

子曰 質勝文則野요 文勝質則史이니 文質이 彬彬然後에 君子니라

자해

* 질승문즉야(質勝文則野) : 바탕이 꾸밈을 이기면 거칠다. 야(野) : 야인. 아름답게 꾸미지 않아 야성스럽고 질박한 상태.
* 문승질즉사(文勝質則史) : 꾸밈이 바탕을 이기면 호화롭다. 사(史) : 실질적인 내용은 보잘 것 없으면서 겉만 번지르르한 상태. 문서를 맡은 공직자. 많이 듣고 일에 익숙하나 성실함이 혹 부족한 것.
* 빈빈(彬彬) : 물건이 섞여 고른 모양. 양쪽 모두 빛이 남.
* 연후군자(然後君子) : 그런 뒤에야 군자이다. 군자(君子) : 명사가 형용사로 전용된 것.

해영

삶의 과정에서 몸을 떠나서 존재할 수는 없다. 따라서 바탕도 문채도 모두가 중요하다. 그러나 우선적 가치로 따지면 바탕을 먼저 다지는 것이 훨씬 중요하다. 꾸밈은 그 바탕을 위해 존재하는 것이기 때문이다. 가령 빈약한 바탕에 겉만 화려하게 꾸미면 허세에 불과하다. 따라서 꾸미는 것은 더하거나 덜 수 있지만, 바탕은 쉽게 더할 수 없는 것도 같은 이유다. 몸이 먼저이고 옷은 나중인 것이다.

인도(印度)에는 정신적으로 통달한 이들이 적지 않다. 그러나 걸치고 있는 옷은 전혀 신경을 쓰지 않아 이른바 거지들의 삶을 방불케 하는 이들이 한둘이 아니다. '속으로 치우친 것'이다. 아프리카는 빈국이 적지 않다. 곧 죽어가는 사람이라도 이름만 대면 알만한 신발을 신고 명품 의류를 걸치고 있다고 한들, 세련된 사람으로 보지 않는다. '겉으로 치우친 것'이다. 문질(文質)은 함께 반짝여야 한다.

이런 차원에서 공직자는 바탕인 대책(對策)을 잘 세우는 것이 무엇보다 중요하다. 바탕인 정책이 충실하면, 문채인 문서를 꾸미는 것은 어렵지 않기 때문이다. 아울러 공직자들은 바탕을 충실히 함은 물론 외양 또한 적절히 꾸밀 줄 알아야 한다. 문과 질이 빈빈(彬彬)하지 못해 치우치면, 촌스럽거나, 야해지기[33] 때문이다. 내공(內功)을 쌓아야 한다. 내공이 넘쳐야 명실상부한 문질(文質)이 가능하다.

| 삶의 목표 |

공자

공자가 이르기를, "아는 자는 좋아하는 자만 같지 못하고, 좋아하는 자는 즐거워하는 자만 같지 못하다."

33) '촌스럽다'는 것은 야인(野人)을 뜻하고, '야하다'는 것은 꾸밈이 지나치다는 의미다.

원문

子曰 知之者 不如好之者요 好之者 不如樂之者니라

자해

* 지지자불여호지자(知之者不如好之者) : 그것을 아는 자는 좋아하는 자만 못하다. 지(之) : 일반적인 사실과 사물·사람을 가리키는 인칭대사. 지지자(知之者) : 이 도가 있음을 아는 것. 호지자(好之者) : 좋아하지만 아직 얻지 못함.
* 락지자(樂之者) : 도를 얻어 즐거워함.

해영

사람이 살아가는 방법, 즉 도를 익히면 마음이 밝아진다. 그 도를 알고 사는 것을 일반적으로 안다고 한다. 그러나 옳고 그름에 대해서는 정확하게 판단을 할 수 없기 때문에 아는 것은 좋아하는 것만 못하다는 것이다. 좋아하는 마음이 깊어지면 사랑하게 되고 사랑하게 되면 진실한 마음 얻기를 바란다. 하지만 구하고자 하는 것이지, 반드시 얻은 것은 아니기 때문에 즐거워하는 것만 못하다고 하는 것이다. 이를 약칭 '지호락(知好樂)'[34]이라 한다.

---

34) 지호락(知好樂)은 아는(知) 것은 좋아하는(好) 것만 못하고, 좋아하는 것은 즐거워하는(樂) 것만 못하다는 말의 줄임말이다.

'지호락(知好樂)'을 '곡식에 비유'하면, '안다는 것'은 곡식이 먹을 수 있는 것임을 안다는 것이고, '좋아한다는 것'은 곡식을 먹음으로써 좋아하는 것이며, '즐거워하는 것'은 곡식 먹는 것을 즐거워하여 배가 부른 것을 의미한다. 따라서 이를 공직으로 의론해 보면, 공직에 대해 아는 것은 좋아하는 것만 못한 것이며, 공직을 좋아하는 것은 그것을 즐기는 것만 못한 것이다. 그러므로 내공(內功)을 쌓아야 한다. 내공이 쌓여야 오래도록 지속할 수 있다.

| 가르침과 베품 |

공자

공자가 이르기를, "중인 이상에게는 위의 것을 말해줄 수 있지만, 중인 이하에게는 위의 것을 말해줄 수 없다."

원문

子曰 中人以上은 可以語上也어니와 中人以下는 不可以語上也니라

자해

* 중인이상(中人以上) : 중등 이상의 사람. 학문과 인격도야의 정도를 의

미한다.

* 가이어상야(可以語上也) : 수준 이상의 내용을 논할 수 있다. 가이(可以) : '~할 수 있다, ~해도 좋다'라는 뜻의 조동사. 어(語) : 말해 줌. 상(上) : 상급수준의 학문적 내용을 가리킨다.

해영

가르침은 본래 대강 베푸는 것이 아니다. 상대가 받아들일 만한 그릇이 되는지를 봐야 한다. 단언컨대 세상에는 중간 등급의 사람이 많고, 중간 등급 이상인 사람은 적다. 진실한 마음을 담아 정밀하게 얘기할 때, 액면 그대로 받아들이는 사람은 중인 이상이다. 통상 이런 사람들과는 형이상학[35]적인 이야기를 논할 수 있다. 하지만 중인 이하의 사람들과는 애초부터 형이상학적인 논의가 불가능하다. 따라서 가르침도 대상자의 그릇에 따라 베풀어야 한다. 그 어떤 정밀한 이야기라도 멍해 있으면 얻음이 처음과 다르지 않기 때문이다.

공직자는 '중인 이상'의 사람이다. 그럼에도 형이상학적인 논의가 불가능한 이들은 퇴출대상자거나 선발에 문제가 있었거나 둘 중 하나다. 적어도 공직자가 중인 이상이어야 하는 이유는 어떠한 책문(策問)이나 민원(民願)도 거침없이 상대할 수 있는 도량이 되어야 하기 때문이다. 여기

35) 형이상학(形而上學)은 도(道)라 하고, 형이하학(形而下學)은 기(器)라 이른다. 즉 '형이상학'은 정신적인 학문을, '형이하학'은 물질적인 학문을 의미한다. 따라서 '중인 이상'의 사람들과는 철학적인 논의가 가능하지만, '중인 이하'의 사람들은 물질에 관심이 많기 때문에 철학적인 논의가 불가능하다.

서 능력이 부족한 이들에게는 스스로 거취를 결정토록 해야 하고, 관심이 부족한 이들에게는 공직 본연의 이상을 구현하기 위해 수련을 하도록 해야 한다. 형이상학을 논할 수 있어야 원활한 공직수행이 가능한 만큼, 부지런히 내공(內功)을 쌓아야 한다.

| 지혜로운 사람과 인한 사람 |

공자

공자가 이르기를, "지혜로운 자는 물을 좋아하고 인한 자는 산을 좋아하니, 지혜로운 자는 움직이고 인한 자는 고요하며 지혜로운 자는 즐거워하고 인한 자는 장수한다."

원문

子曰 知者는 樂水하고 仁者는 樂山이니 知者는 動하고 仁者는 靜하며 知者는 樂하고 仁者는 壽니라

자해

* 지자요수(知者樂水) : 지혜로운 사람은 물을 좋아하다. 지(知) : 지(智)와 같다. 요(樂) : 기뻐하고 좋아하다. 지자락(知者樂) : 지혜로운 사람은 즐거워하다. 락(樂) : '즐겁다'라는 형용사가 '즐거워하다'라는 뜻의 의동사

로 전용된 것.

* 인자수(仁者壽) : 인한 사람은 장수한다. 담담하고 고요한 마음가짐으로 평탄한 삶을 유지하여 결과적으로 천수를 다한다는 뜻이다.

해역

세상 사람들 가운데에는 지혜로운 사람도 있고, 인한 사람도 있다. 보통 성정(性情)으로 말하면, 지혜로운 사람은 성품이 물과 같아 물을 좋아하고, 인한 사람은 성품이 산과 같아 산을 좋아한다. 그러나 체단(體段)으로 말하면, 지혜로운 사람은 마음에 의심나는 바가 적어 사물에 가려지지 않아 그 마음이 잘 소통되어 움직임 또한 극진해지고, 인한 사람은 하늘의 이치가 온당하게 부합되어 사사로운 욕심이 뒤섞이지 않아 마음이 극진해진다.

효과로 말하면, 지혜로운 사람은 지기(志氣)가 총명하여 갈등이 일어나지 않아 늘 즐겁고, 인한 사람은 정신이 순일(純一)하고 의연하여 사물이 쉽게 침범하지 못하여 장수한다. 그러나 지혜로운 사람과 인한 사람으로 나누어 보는 것은 각각의 자질을 통해 성취하는 정도를 두고 하는 말이지, 학문적으로 높고 낮음을 논하거나 삶의 질을 거론하는 것은 아니다. 따라서 이를 공직으로 의론해 보면, 지혜로운 공직자와 인한 공직자로 나누어볼 수 있다.

가령 지혜로운 공직자의 경우 '예외를 존중하는 스타일'이라면, 인한 공직자는 '원칙을 고수하는 스타일'로 규정할 수 있다. 중요한 것은 예외를 존중하는 스타일이든, 원칙을 고수하는 스타일이든 우열을 가릴 수 없다는 사실이다. 지혜로운 공직자든 인한 공직자든 민중을 사랑하는 마음은 바탕에 꽉 차 있기 때문이다. 모두가 소중한 존재들이다. 이를 위해서라도 내공(內功)을 쌓아야 한다. 내공의 힘이 흘러 넘쳐야 불편함을 잠재울 수 있다.

| '인'의 방법 |

공자

자공이 말하길, "만일 백성에게 널리 베풀고 많이 구제하면 어떻습니까? '인'이라고 할 수 있습니까?" 공자가 이르기를, "어찌 '인'을 일삼는 정도이겠는가? 반드시 '성'일 것이다. 요임금과 순임금도 오히려 부족하게 여겼다. 인한 자는 자기가 서고자 하면 남을 서게 하며, 자기가 통달하고자 하면 남을 통달하게 한다. 가까운 데서 취하여 비유할 수 있다면 '인'의 방법이라고 말할 수 있을 것이다."

원문

子貢曰 如有博施於民而能濟衆한댄 何如하니잇고 可謂仁乎잇가 子曰 何事於仁이리오 必也聖乎인저 堯舜

도 其猶病諸니라 夫仁者는 己欲立而立人하며 己欲 達而達人이니라 能近取譬면 可謂仁之方也已니라

자해

* 여유박시어민이능제중(如有博施於民而能濟衆) : 백성에게 널리 베풀고 민중을 구제할 수 있다면. 여(如) : 가정이나 조건을 표시하는 접속사.
* 하사어인(何事於仁) : 어찌 인을 일삼는 정도이겠는가? 사(事) : ~에 그치다, ~일 뿐이다. 일삼다. 인(仁) : 이치로써 말한 것이니, 아래와 위에 통하는 것.
* 필야성호(必也聖乎) : 반드시 성스럽다. 야(也) : 음절을 조정하고 어기를 고르는 어기조사. 성(聖) : 지위로써 말한 것이니, 그 지극한 데 나아감. 호(乎) : 단정적인 어기를 표시하는 어기조사.
* 요순기유병저(堯舜其猶病諸) : 요순도 아마 오히려 부족하게 여겼다. 기(其) : 아마. 추측을 표시하는 부사. 유(猶) : 오히려. 병(病) : 마음에 부족한 바가 있음. 힘들어하다. 저(諸) : 지호(之乎)와 같다.
* 부인자(夫仁者) : 대체로 인한 사람은. 부(夫) : 문장의 첫머리에서 이야기를 이끌어내기 위하여 청자의 주의를 환기시키는 작용을 하는 어기조사. 특별한 의미는 없고 다음에 오는 말이 일반적으로 그러하다는 어감을 주는 경우가 많지만 반드시 그런 것은 아니다. 이런 어기조사를 보통 발어사(發語詞)라고 한다.
* 기욕립이립인(己欲立而立人) : 자기가 서고자 하면 남을 서게 하다. 이(而) : ~하면 곧. 조건에 따른 결과를 표시하는 접속사. 즉(則)과 같다.

* 기욕달이달인(己欲達而達人) : 자기가 통달하고자 하면 남을 통달하게 한다.
* 능근취비(能近取譬) : 가까운 데서 취하여 비유하다. 근(近) : 취(取)를 수식하는 부사어. 비(譬) : 비유함. 하나의 사실을 통하여 다른 사실을 미루어 알다.
* 가위인지방야이(可謂仁之方也已) : 인의 방법이라고 할 수 있다. 방(方) : 방법과 기술. 야이(也已) : 단정적인 어기를 표시하는 어기조사.

해역

세상에서 언급되는 '인(仁)'이라는 것을 잘 살펴보면, 그 드러나는 것이 '일'에서 비롯되기 보다는 '마음'에서 발현된다. 사사로운 욕심이 사라지면 다른 사람들을 자신의 몸처럼 여기게 된다. 때문에 자신이 서고자 하면 곧 남들을 먼저 서게 하고, 자신이 통달하고자 하면 그 뜻을 펴기 전에 남들에게 전하여 먼저 통달하게 하는 것이다.

이는 사사로운 마음을 배제했기 때문에 자신은 언제 설 수 있는지, 또 언제 통달할 수 있는지에 대해서는 걱정하지 않는다. 항상 적극적으로 '인'을 행하는 자세를 갖추고 있기 때문에 어떠한 가파른 형세의 장애물이 나타난다 해도 문제가 되지 않는 것이다. 어떻게든 남들을 먼저 세우고, 남들을 먼저 통달하게 하는 것이 과제일 따름이다.

가령 등산에 일가견이 있는 사람은 마지막에 서는 경우가 많다. 일행이 안전하게 오르는지를 확인하기 위함이다. 능력이 부족하여 뒤에 따르는 것이 아닌, 자신보다 미약한 구성원들을 배려하기 위해서다. '인'의 방법은 이처럼 멀리 있지 않고 가까운 곳에 존재한다. 그러므로 '인'을 구하고자 하면, 반드시 가까운 곳에서부터 찾아야 한다.

공직을 수행하는 데도 이러한 원리에서 벗어나지 않는다. 도량이 넓은 이른바 '실력자'가 도량이 좁은 이들을 위해 먼저 설수 있도록 함은 물론 통달하도록 배려해야 한다. 그것이 선각자요 '인'을 기르는 사람의 자세다. 이러한 '인'을 기르는 데에도 내공(內功)이 필요함은 물론이다. 내공이 쌓여야 공직자를 넘어 민중까지 아우를 수 있다.

술이
(述而)

| 성인의 도 |

공자

공자가 이르기를, "묵묵히 기록하며, 배움에 싫어하지 아니하며, 사람 가르치는 것을 게을리 하지 않는 데 무엇이 내게 있겠는가."

원문

子曰 默而識之하며 學而不厭하며 誨人不倦이 何有於我哉오

자해

* 묵이지지(默而識之) : 묵묵히 기록하다. 이(而) : 부사 접미사. 묵지(默識) : 말을 하지 않고 묵묵히 마음에 두다. 지(識) : 기록함, 마음에 새기다. 지(之) : 일반적인 사실·사물·사람을 가리키는 인칭대사.
* 학이불염(學而不厭) : 배움에 싫어하지 않다.

* 하유어아재(何有於我哉) : 나에게 무엇이 있는가.

해영

사람이 '살아가는 도'를 구하고자 하는 것은, 기본적으로 평소의 삶을 순조롭게 소통시키고자 함이다. 그래서 자신보다 나은 사람이 말이나 혹은 글로 깨우침을 주면, 그것을 실천하기 위해 기록하는 것이다. 묵묵히 말하지 않고 기록하는 것은 마음에 새기고자 함이요, 배움에 싫어하지 않는 것 또한 내재적 가치를 기필하기 위함이다. 이러한 덕목을 충실히 닦아가면서도 만족하지 않는 것은 늘 주변인들이 존재하기 때문이다.

공자도 '세상의 도'를 바라거나 보지 못하는 것을 이 같이 하는데, 민중을 위해 존재한다는 공직자들이야 부연할 필요도 없다 할 것이다. '배운다는 것'은 곧 얻은 바의 결과이고, '가르친다는 것'은 곧 배운 바의 결과다. 그러므로 공직자들이 묵묵히 기록하고 배움을 싫어하지 아니하며 민중을 가르치는데 게을리 하지 않아야 함은 당연하다. 이러한 도를 닦는 데도 내공(內功)이 필요하다. 내공이 쌓여야 자연스럽게 행할 수 있다.

| 날마다 새로운 학문 |

공자

공자가 이르기를, "덕을 닦지 못한 것, 배움을 강구하지 못한 것, 의를 듣고 옮길 수 없는 것, 선하지 못함을 고칠 수 없는 것, 이것이 나의 근심이다."

원문

子曰 德之不修와 學之不講과 聞義不能徙하며 不善不能改 是吾憂也니라

자해

* 학지불강(學之不講) : 학문을 강구하지 못함. 지(之) : 주어와 술어 사이에 쓰여 주술구조로 하여금 독립성을 잃고 명사구 또는 절이 되게 하는 구조조사.
* 문의불능사(聞義不能徙) : 의로움을 듣고도 옮기지 못함. 문(聞) : 알다, 깨닫다.
* 시오우야(是吾憂也) : 이것이 나의 근심이다. 시(是) : 덕지불수, 학지불강, 문의불능사, 불선불능개(德之不修, 學之不講, 聞義不能徙, 不善不能改)를 가리키는 지시대사.

해영

날마다 새로운 학문을 추구하는 공자의 이 같은 학문방식이 어쩌면 그의 큰 근본의 하나일 것이다. 날마다 하는 학문이지만 그 이치를 밝혀야 삶에서 나타나는 갈등을 완화시킬 수 있는데, 이를 모두 밝히지 못해

생기는 근심, 의로움을 들으면 바로 옮겨 선함이 악함을 제압하도록 해야 하는데, 이를 민첩하게 옮기지 못하여 남는 근심, 선하지 않음이 점점 커지면 선함이 점점 작아지듯 불선(不善)이 일어나지 못하도록 해야 하는데, 이를 제때에 조치하지 못해 나타나는 근심 등을 성찰하는 그의 자세가 잘 드러나 있다.

덕을 닦는 것과 배우는 마음은, 다스림과 이치를 연구하는 것과 조응(照應)하고, 의로움과 불선(不善)은 선한 데로 옮김과 허물을 고치는 것과 조응한다. 근심은 공자도 스스로의 문제로 삼았듯이 다른 사람들과 공유할 수 없는 부분이다. 마찬가지로 공직자도 민중을 위해 덕을 쌓고, 배움을 게을리 하지 않으며, 의로움을 고양하고, '불선'을 막고자 애써도 하루아침에 근심을 제거하기 쉽지 않다. 스스로 근심을 줄이고자 하는 마음은 각자에게 달려 있는 것이다. 내공(內功)을 쌓아야 한다. 내공이 쌓여야 근심을 줄일 수 있다.

| 학문의 목표 |

공자

공자가 이르기를, "도에 뜻을 두며, 덕에 의거하며, 인에 의지하며, 예에 놀 것이다."

원문

子曰 志於道하며 據於德하며 依於仁하며 游於藝니라

자해

* 지(志) : 마음이 가는 바를 얻음. 도(道) : 인륜의 날마다 쓰는 마땅히 행하여야 할 이치. 거(據) : 잡아 지킴. 덕(德) : 도를 행하여 마음에 얻는 것. 의(依) : 어김이 없음. 인(仁) : 사사로운 욕심이 다 없어지고 마음의 덕이 온전함.
* 유어예(游於藝) : 육예(六藝)에 놀다. 유(遊) : 물건을 구경하여 뜻에 맞음. 예(藝) : 옛날 선비들이 반드시 배워야할 여섯 가지의 일, 즉 예악사어서수(禮樂射御書數)를 가리킨다.

해역

사람이 학문을 하는 것은 뜻을 세우기 위해서다. 거기에 필요한 도는 실생활에 마땅히 행해야 하는 것을 가치로 삼는다. 이러한 도가 들어맞지 않으면 학문이 왜곡되기 쉽다. 자신의 몸을 표준으로 삼아 끊임없이 마음을 갈고 닦는 것도 이러한 이유 때문이다. 따라서 마땅한 도를 통해 마음을 순일하게 해야 뜻을 이룰 수 있다.

공직자가 되었든 학자가 되었든 추구하는 목표는 결국 예(藝)의 경지에 이르고자 함에 있다. 예(藝)의 경지는 도덕(道德)의 경지요, 도덕이 완비된 경지는 인(仁)이 활성화 된 세상이다. 선현들이 행할 것은 '도'라 이르고, 행하여 얻은 것은 '덕'이라 이르며, '도'와 '덕'이 구비됨을 '인'이라 강조한 것도 이 같은 목표의식 때문이다.

공직자는 예로부터 정치인이다. 계급에 따른 직무 영역이 다를 뿐, 확이충지(擴而充之)[36]하고자 하는 마음은 동일하다. 따라서 '도'는 '인도'를 실천해야 하고, 그것을 끊임없이 쌓아 '덕'으로 전환시켜야 한다. '도'와 '덕'이 완비되면 자연스럽게 '인'한 환경에서 '예'를 뽐내면서 놀 수 있다. 공직자들이 눈을 크게 떠야 하는 이유다.

이처럼 누구나 예(藝)의 세상에서 살고자 하는 마음은 다르지 않다. 그러나 학문과정과 현장에서 실천하는 과정에서의 어긋남은 마치 내외(內外)가 다르고 본말(本末)이 전도된 경우와 같다. 때문에 공직자들은 이에 부합되도록 애쓰는 데에도 내공(內功)을 쌓아야 한다. 내공의 힘이 흘러 넘쳐야 예(藝)의 세상을 구현할 수 있다.

36) 공직자가 존재하는 본질적인 이유는 사회적 약자의 '마음을 넓혀주거나 부족함을 채워주는 일'이다.

| 한 모퉁이 세 모퉁이 |

공자

공자가 이르기를, "열심을 내지 않으면 열어 보여주지 않으며, 답답해하지 않으면 말해주지 않으며, 한 모퉁이를 들어 세 모퉁이를 증명하지 못하면 다시 말해주지 않는다."

원문

子曰 不憤이어든 不啓하며 不悱어든 不發호되 擧一隅에 不以三隅反이어든 則不復也니라

자해

* 분(憤) : 마음으로 통함을 구하다가 얻지 못함. 비(悱) : 입으로 말하고자 하나 할 수 없는 모양. 계(啓) : 그 뜻을 열어줌. 발(發) : 그 말을 통달하게 함.
* 거일우불이삼우반(擧一隅不以三隅反) : 한 모퉁이를 들어 세 모퉁이로 반응하지 않다. 네 모퉁이 중에서 스승이 한 모퉁이를 들어 보이면 나머지 세 모퉁이는 학생이 스스로 유추해서 알아내야 한다는 뜻. 반(反) : 돌이켜서 서로 증명하는 것.
* 불부야(不復也) : 반복하지 않다. 부(復) : '반복하다'라는 뜻의 동사.

해영

가르침을 주고 싶어도 가르침을 받고자 하는 마음이 존재하는지를 알아야 베풀 수 있다. 어떤 사람이 살아가는 도를 구하고자 백방으로 뛰어다녔음에도 터득하지 못하는 것을 이른바 분(憤)이라고 한다. 이런 사람에 한해 가르침을 주면 바로 활연관통(豁然貫通)[37] 하게 된다. 따라서 '분'하지 않으면, 가르침도 허사가 되기 때문에 알려주지 않는 것이다.

도를 터득하기 위해 무진 애를 써도 이루지 못하는 것을 답답해하는 이른바 비(悱) 또한 마찬가지다. 이러한 이들에 한해 한 모퉁이를 들어주어 세 모퉁이를 가지고 증명할 수 있도록 열어주는 것이다. 반대로 가르침을 주고자 하지만 고집이 불통에다 깨닫지 못하는 자질을 가지고 있다면, 비록 가르쳐도 소용이 없기 때문에 반복할 필요가 없는 것이다.

공직자가 민중을 위해 헌신코자 해도, 이루어지는 일이 적어 답답해하는 마음이 존재할 때 가르쳐야 효과를 볼 수 있다. 민중의 삶에 대해 전혀 고민하는 모습이 없는 이들에게는 그 어떤 가르침도 무용하다. 따라서 한 모퉁이의 힌트를 세 모퉁이로 반증할 수 있도록 공직자는 무장을 필요로 한다. 무장을 위해 내공(內功)은 필수다. 당위이기 때문이다.

37) 사전적 의미는 '천하의 이치를 모두 체인(體認)하여 막힘이 없는 상태'를 뜻하지만, 본래 사물(事物)마다 가지고 있는 이치를 파악하여, 천하의 이치를 모두 체인하는 것으로 확대해나가는 개념이다. 개개 사물의 이치에 대한 연구라는 연속적 과정과 천하의 이치를 모두 체인하는 상태에는 반드시 비약적인 관계가 개입되는데, 활연관통은 바로 이 비약적인 단계에 해당된다. 불교의 돈오(頓悟)의 상태에 비견되는 개념이다.

| 나아가고 처함 |

공자

공자가 안연에게 이르기를, “써주면 행하고 놓아두면 숨는 것을 오직 나와 네가 할 수 있을 것이다.” 자로가 말하길, “선생님께서 삼군을 행하시면 누구와 함께 하시겠습니까?” 공자가 이르기를, “범을 손으로 때려잡으며 강을 맨몸으로 건너다가 죽어도 뉘우침이 없는 자와는 내가 함께 하지 않을 것이니, 반드시 일에 임하여 두려워하며 꾀함을 좋아하여 이루는 자와 함께 할 것이다.”

원문

子謂顔淵曰 用之則行하고 舍之則藏을 唯我與爾有是夫인저 子路曰 子行三軍則誰與리잇고 子曰 暴虎馮河하야 死而無悔者를 吾不與也니 必也臨事而懼하며 好謀而成者也니라

자해

* 사지즉장(舍之則藏) : (위정자가) 자신을 버리면(자신의 주장을) 감추다.
  지(之) : 일반적인 사실과 사물·사람을 가리키는 인칭대사.
* 유아여이유시부(唯我與爾有是夫) : 오직 나와 너만이 이 점을 가지고 있

다. 이(爾) : 이인칭대사. 시(是) : 용지즉행, 사지즉장(用之則行, 舍之則藏)을 가리키는 지시대사. 강조효과를 위하여 용지즉행, 사지즉장(用之則行, 舍之則藏)을 문장 첫머리로 끄집어내고 원래의 자리에 대사를 쓴 것이다. 부(夫) : 감탄의 어기를 표시하는 어기조사.

* 자행삼군(子行三軍) : 선생님께서 삼군을 통솔하다. 행(行) : 통솔하다, 지휘하다. 삼군(三軍) : 전군(前軍)·중군(中軍)·후군(後軍)을 말함. 1군은 12500명인데 당시의 군제에 의하면 천자는 6군을 보유할 수 있고, 제후는 나라의 크기에 따라 각각 3군, 2군, 1군을 보유할 수 있었다. 그러나 이러한 규정은 춘추시대에 이르러 점차 무너졌다.
* 수여(誰與) : 누구와 함께 하는가. 여(與) : '함께하다'라는 뜻의 동사.
* 포호빙하(暴虎馮河) : 맨손으로 호랑이를 때려잡고 배 없이 맨몸으로 강을 건너다. 포호(暴虎) : 맨손으로 범을 잡는 것. 빙하(馮河) : 맨몸으로 황하를 건너는 것. 구(懼) : 일을 공경히 함.
* 호모이성자(好謀而成者) : 꾀함을 좋아하여 일을 성취하는 사람. 성(成) : 꾀를 이룸.

해영

공직자들에게 있어서 맨 손으로 호랑이를 때려잡으려 하고 맨 몸으로 강을 건너려다가 죽어도 후회함이 없는 사람하고는 함께 하고 싶지 않을 것이다. 이런 동료들보다는 일(사업, 정책)을 추진함에 있어서 반드시 두려워하면서도 일(사업, 정책)을 도모하기를 좋아하여, 반드시 성공하는 사람들과 함께 하고 싶을 것이다.

개구리가 더 멀리 뛰기 위해 몸을 잠시 움츠리는 것은 두려워서가 아니다. 자벌레가 몸을 잠시 구부리는 것 또한 두려워서가 아니다. 본질적으로 몸을 더 펴기 위한 행동일 뿐이다. 다시 말해 움츠리고 구부리는 것은 겁이 나서가 아니라 보다 진보하기 위해 취하는 행위들이다. 나아가고 처하는 것이 때가 있는 것이다.

공직자는 어떤 형태로든 민중의 살림살이를 배가시키기 위해 존재하는 사람들이다. 때문에 공직자들에게 있어서 정책은 매사가 승부의 대상이다. 사업을 추진할 때마다 반드시 두려워하면서도 과감하게 일을 성취해야 한다. 이를 위해 내공(內功)은 기본이다. 내공이 흘러 넘쳐야 고품질의 행정서비스를 구현할 수 있다.

| 군자의 목표는 의 |

공자

공자가 이르기를, "부유함을 구할 수 있는 것이라면 비록 채찍을 잡는 사람이라도 나 또한 되겠지만 만일 구할 수 없는 것이라면 내가 좋아하는 것을 따르겠다."

원문

子曰 富而可求也인댄 雖執鞭之士라도 吾亦爲之어니와 如不可求인댄 從吾所好호리라

자해

* 부이가구야(富而可求也) : 부가 만일 추구할 만하다면. 이(而) : 가정이나 조건을 표시하는 접속사. 야(也) : 원래 음절을 조정하고 어기를 고르는 어기조사인데 문맥에 의하여 가정의 어기를 다분히 지니고 있다.
* 수집편지사(雖執鞭之士) : 비록 채찍을 잡는 사람일지라도. 수(雖) : 양보관계를 표시하는 접속사. 집편(執鞭) : 신분이 낮은 자의 일. 집편지사(執鞭之士) : 채찍을 잡은 사람. 천박한 일에 종사하는 사람이라는 뜻. 시장에서 경비를 보는 사람이라는 설, 왕후가 행차할 때 앞에서 길을 트는 사람이라는 설, 마부라는 설 등 여러 가지 설이 있다.
* 오역위지(吾亦爲之) : 내가 그 사람도 역시 되다. 역(亦) : '나도 한다'는 뜻이 아니라 '그런 사람도 된다'라는 뜻. 지(之) : 집편지사(執鞭之士)를 가리키는 인칭대사.

해영

사람의 힘으로 부유함을 구할 수 있다면, 비록 채찍을 잡는 지극히 천한 선비라도 되겠지만 억지로 구할 수 있는 것이 아니라면, 차라리 선호하는 의리를 따르겠다는 공자의 이와 같은 언급은 실제로 희망을 논한

것이 아니다. 자칫 물욕에 흔들릴 수 있는 마음을 일깨워줌으로써 군자라는 이름에 걸맞게 움직이게 할 요량으로 언급한 말이다. 이는 성현들이 부유함을 추구하는 일 따위는 애초부터 뜻이 없었으므로 따지지 않는 경우와 같다.

공직자는 오직 민중을 위해 존재하는 사람이다. '정의'를 기초로 공명과 정대한 일을 담당하는 것을 직분으로 삼는다. 그럼에도 공직자가 '정의'의 의리보다 부유함에 심취한다면 볼 것도 없이 부정과 부패의 나락으로 떨어질 가능성이 농후하다. 공직자가 군자로 불리는 것은 사욕을 막고 '정의'의 의리를 지속하라는 함의(含意) 때문이다. 물질보다 민중을 위하는 마음가짐도 내공(內功)이 필요하다. 내공이 쌓여야 군자의 도리를 행할 수 있다.

| 진실한 즐거움 |

공자

공자가 이르기를, "거친 밥을 먹으며 물을 마시고, 팔을 구부려 베개를 할지라도 즐거움이 또한 그 가운데 있으니 의롭지 않으면서 부유하고 귀한 것은 나에게 뜬구름 같다."

원문

子曰 飯疏食飮水하고 曲肱而枕之라도 樂亦在其中矣니 不義而富且貴는 於我에 如浮雲이니라

자해

* 반소사(飯疏食) : 거친 밥을 먹다. 반(飯) : '먹다'라는 뜻의 동사. 소사(疏食) : 거친 밥. 보리밥이나 잡곡밥 따위의 맛없고 영양가도 없는 밥을 가리킨다.
* 부차귀(富且貴) : 부유하고 또한 귀하다. 차(且) : 체증(遞增)관계를 표시하는 접속사.

해영

부귀한 삶을 살다가 어떤 계기로 빈천한 삶이 되면 견디기 쉽지 않다. 늘 진수성찬으로 식사를 하다 환경이 바뀌면 견디지 못하고, 고급승용차만을 이용하다 소형차로 바뀌면 견디지 못하며, 고급주택에 살다 소형주택으로 주거환경이 바뀌면 견디지 못한다. 지위도 마찬가지다. 고귀(高貴)한 지위에 있다 졸지에 박탈되면 흔들리는 경우가 적지 않다.

그러나 먹는 것도 거칠고, 마시는 것도 물 정도이며, 팔을 구부려 베개 삼는 빈곤한 삶에도 익숙해지면 오히려 즐거움으로 삼을 수 있다. 승용차가 없어도 고급주택이 아니어도 또 지위가 고귀하지 않아도 건강할 수

있는 것은 사사로운 감정을 밖으로 지향하지 않기 때문이다. 빈천한 생활에 내공(內功)이 쌓이면 부귀도 가볍게 여길 수 있는 것이다.

양심막선어과욕(養心莫善於寡欲)[38]이라는 말이 있다. '마음을 수양함에 욕심을 적게 하는 것보다 좋은 것이 없다'는 말이다. 평소 욕심을 줄이면, 비록 보존하지 못하는 것이 있더라도 잃는 정도가 적고, 욕심이 많으면 비록 보존됨이 있더라도 결국 충격이 클 수밖에 없다. 빈곤한 삶이라도 능히 이겨낼 수 있어야 한다. 공직자는 군자이기 때문이다.

| 모두가 스승 |

공자

공자가 이르기를, "세 사람이 갈 때에 반드시 내 스승이 있으니, 어진 것을 가리어 좇고, 어질지 아니한 것을 고쳐야 한다."

원문

子曰 三人行에 必有我師焉이니 擇其善者而從之요 其不善者而改之니라

38) 『孟子』, 「盡心下」: 孟子曰, 養心莫善於寡欲, 其爲人也寡欲, 雖有不存焉者, 寡矣. 其爲人也多欲, 雖有存焉者, 寡矣.

자해

* 삼인(三人) : 세 사람. 나보다 나은 사람과 나보다 못한 사람 그리고 자신을 가리킨다. 자신보다 현명한 사람을 보면 그와 같아질 것을 생각하고, 자신보다 못한 사람을 보면 자신을 성찰하는 것이다.
* 기불선자이개지(其不善者而改之) : 그 가운데(나보다 못한 사람의) 좋지 않은 점을 선택하여 그 점을 고치다. 맨 앞에 택(擇)이 생략되어 있다. 기(其) : 일차적으로는 삼인(三人)을 가리키지만, 궁극적으로는 세 사람이 가진 장단점을 뜻한다. 불선자(不善者) : 좋지 않은 점. 지(之) : 불선자(不善者)를 가리키는 인칭대사. 종지(從之)의 지(之)는 나보다 나은 사람의 장점이고, 개지(改之)의 지(之)는 나보다 못한 사람을 통하여 깨닫게 된 자신의 단점으로, 두 개의 지(之)가 서로 성격이 다르다.

해영

공자가 세 사람이라고 언급하였다고 하여 딱 세 사람만을 의미하는 것은 아니다. 예를 들고자 한 것뿐이다. 가령 세 사람이 동행하면 거기에는 반드시 나의 스승이 될 만한 사람이 있는 것이니, 이런 사람은 반드시 사람을 '선'한 경지로 이끌어, 선하지 않은 이들이 경계하도록 하여 덕을 쌓은 사람이다. 선한 사람을 가려서 그를 본받으면 곧 스승이 되는 것이다. 물론 선하지 않은 사람의 행태를 보면, 도리어 자신의 생활 태도를 살펴 그 잘못된 점을 고치려는 마음을 갖게 되니, 이 또한 스승이 되는 것은 말할 것도 없다.

공직은 다양하다. 국가직의 경우, 행정과 사법, 입법 등으로 나뉘어 있고, 지방직도 분류해보면 대단하다. 모두가 중대사를 위해 움직이는 동안, 인재로 존중받으면 좋겠지만 실상은 딴판인 경우가 적지 않다. 바로 스승으로 존중할 만한 사람들이 다수이긴 하지만, 반면교사로 삼을 만한 사람들도 적지 않다. 선자(善者)의 행태를 본 받아 더 나은 공직자로 변모하는 것도 자신이지만, 불선자(不善者)의 행태를 통해 성찰할 수 있는 것도 자신에게 달려있다. 이를 위해 내공(內功)은 필수다. 내공이 쌓여야 가릴 수 있다.

| 방심은 금물 |

공자

공자가 이르기를, "인(仁)이 멀리 있는 것인가? 내가 인을 하고자 하면 곧 인이 이른다."

원문

子曰 仁遠乎哉아 我欲仁이면 斯仁이 至矣니라

자해

* 인원호재(仁遠乎哉) : 인이 먼가. 호재(乎哉) : 반문의 어기를 표시하는 어기조사. 의문의 어기를 표시하는 어기조사 호(乎)와 감탄의 어기를 표시하는 어기조사 재(哉)가 합쳐진 것.

해영

"인(仁)이 과연 먼 것인가?" 평소의 삶을 성찰하게 하는 질문이다. 사람들이 쉽게 '인'한 행위를 하지 못하는 것은 아마도 자신과 동떨어진 것이라고 여기기 때문일 것이다. 그러나 인한 행위는 별도로 시간을 투자해서 쌓는 게 아니다. '마음의 덕'을 '인'이라 했으니, 내가 인한 행위를 하면 곧 인에 이른다는 지극히 평범한 생활 속에 있는 것이다.

방심(放心)하지 않는 게 중요하다. 공부하는 것으로 의론하면 종신토록 해도 부족하겠지만, 공직으로 의론하면 날마다 생기는 도와 덕을 잘 길러가는 것이 인한 행위라 할 수 있다. 가령 파트너십을 가지고 위아래를 원만하게 아우르며 정책을 구상하고 추진하는 것도 인한 행위가 될 수 있다. 인은 내공(內功)도 필요 없다. 행하면 이루어진다.

| 군자와 소인의 마음 |

공자

공자가 이르기를, "군자는 너그럽고 넓으며, 소인은 항상 근심한다."

원문

子曰 君子는 坦蕩蕩이요 小人은 長戚戚이니라

자해

* 군자탄탕탕(君子坦蕩蕩) : 군자는 평탄하고 넓다. 탄(坦) : 지면이 평탄함. 동요 없이 평온함. 탕탕(蕩蕩) : 너그럽고 넓은 모양.
* 소인장척척(小人長戚戚) : 소인은 늘 근심한다. 장(長) : 장구하게, 늘, 항상. 상(常)과 같다. 척척(戚戚) : 근심하는 모양.

해영

군자는 기본적으로 하늘(정신)을 지향하고, 소인은 땅(물질)을 지향한다. 한결같이 세상의 이치를 따르는 군자는 항상 평탄함이 넓고 멀리 퍼져가지만, 소인은 반대로 지향하기 때문에 항상 조바심을 내면서 근심한다. 사사로운 감정에 이끌려 그 얻는 바가 결국 물적 이로움으로 귀결되기 때문에 끝없이 지속되어도 그 악순환의 고리를 끊지 못한다.

군자는 정신력이 강한 사람들이기 때문에 사사로운 물욕에 흔들리지 않는다. 공직자의 삶도 마찬가지다. 민중의 마음을 넓혀주고 채워주는 것을 주로 하는 덕분에 자신도 모르는 사이 탄탕탕(坦蕩蕩)한 마음을 유지한다. 일부 초심을 잃어 회초리[39]가 필요한 구성원도 없지 않지만, 대체는 군자의 이름에 부합한다. 내공(內功)을 지속적으로 쌓아야 한다.

39) 공직에 임용된 초기에는 사명감을 가지고 청렴한 생활을 지속한다. 일정 시간이 지나 혼인을 하고 자식을 낳으면 상황은 달라진다. 거주하는 집의 규모를 확대하거나 생활도 점차 양적에서 질적으로의 변화를 추구한다. 성찰해야 한다. 청렴한 공직자로 살겠다고 다짐했던 초기의 마음, 즉 회초리(回初理)를 잊지 않아야 한다.

태백
(泰伯)

| 네 가지 아름다운 덕 |

공자

공자가 이르기를, "공손하지만 예가 없으면 수고롭고, 삼가지만 예가 없으면 두려워하게 되고, 용감하지만 예가 없으면 혼란스럽고, 강직하지만 예가 없으면 급절하다.[40] 군자가 친척에게 후하게 대하면 백성들은 인에 흥기하고, 오래 사귄 사람을 버리지 않으면 백성들이 각박해지지 않는다."

원문

子曰 恭而無禮則勞하고 愼而無禮則葸하고 勇而無禮則亂하고 直而無禮則絞니라 君子篤於親則民興於仁하고 故舊를 不遺則民不偷니라

40) 어떤 시기가 매우 급하게 닥치다. 절박하다.

자해

* 공이무례즉로(恭而無禮則勞) : 공손하되 예가 없으면 수고롭다. 공손도 적절해야지 지나치면 곤란하다는 뜻이다. 예(禮) : 도를 지나치지 않고 사리에 맞게 적절히 조절된 절도 있는 행동 양식을 뜻한다.
* 신이무례즉사(愼而無禮則葸) : 삼가되 예가 없으면 두려워하다. 사(葸) : 두려워하다.
* 직이무례즉교(直而無禮則絞) : 강직하되 예가 없으면 조급하다. 교(絞) : 조급하다.
* 군자독어친즉민흥어인(君子篤於親則民興於仁) : 군자가 친척에게 돈독하면 백성들이 인에 흥기한다. 군자(君子) : 여기서는 윗자리에서 다스리는 사람을 가리킨다.
* 고구불유즉민불투(故舊不遺則民不偸) : 옛사람을 버리지 않으면 백성들이 각박해지지 않는다. 투(偸) : 각박하다.

해영

'예'의 본질은 '인'이다. '인'을 구현하기 위한 수단[41]에 불과한 것이다. 따라서 '예'는 표면적으로 상대를 위한 일이지만, 결국 자신을 위한 일이다. 가령 상대에게 공손하게 대하면 나 또한 대접받을 수 있고, 상대를 도와주면 나 또한 도움 받을 수 있다. 역시 '예'의 이면에는 '인'한 마음이

41) 인의예지(仁義禮智)에서 가장 본질은 인(仁)이다. 마찬가지로 예(禮)의 본질도 인(仁)이다. 남대문으로 불리는 숭례문(崇禮門)의 본의도 인(仁)으로 들어가기 위한 절차인 동시에 타인을 배려하겠다는 마음을 담은 일종의 상징이다. 사대문을 드나들 때마다 인(仁)을 본질로 삼아 의(義)와 예(禮), 지(智)를 수단으로 삼고자 대문에 새긴 것이다.

반드시 존재해야 한다. '인'이 배제된 '예'는 허례이기 때문이다.

'예'를 표현함에도 절도가 있어야 한다. 지나친 공손은 자칫 상대를 부담스럽게 하여 결국 수고로움에 불과할 수 있고, 지나친 용기는 오히려 평화를 해쳐 혼란만 가중시킬 수 있으며, 지나친 강직은 야박하게도 가족의 잘못도 고발하는 어처구니없는 일이 벌어질 수 있다. '인'을 표현하기 위한 '예'가 전도(顚倒)될 수 있는 것도 이처럼 지나침에 달려 있다.

군자는 민중을 위해 존재하는 사람이다. 민중과 돈독하면 위아래가 '예'를 다하게 되면서 각박한 삶에서 벗어날 수 있다. 공직자가 '예'를 행하는 것도 속에 따뜻한 인(仁), 즉 위민(爲民)을 구현하는데 있다. 문서는 말할 것도 없고 행동거지 하나에도 '예'가 스며들어야 한다. 이를 위해서도 내공(內功)은 필수다. 내공이 쌓여야 적절한 '예'를 행할 수 있다.

| 무거운 짐 |

증자

증자가 이르기를, "선비는 넓고 굳세지 않을 수 없다. 짐이 무겁고 길이 멀기 때문이다. '인'으로써 자기의 짐으로 삼으니 또한 무겁지 아니한가? 죽은 뒤에라야 끝나니 또한 멀지 아니한가."

원문

曾子曰 士不可以不弘毅니 任重而道遠이니라 仁以爲己任이니 不亦重乎아 死而後已니 不亦遠乎아

자해

* 의(毅) : 굳세다.
* 인이위기임(仁以爲己任) : 인을 자기의 임무로 삼다. 인이(仁以) : 이인(以仁)이 도치된 것. 기(己) : 일인칭대사. 임(任) : 짐.
* 사이후이(死而後已) : 죽은 뒤에 그치다. 이후(而後) : 이후(以後)와 같음. 이(已) : 그치다, '그만두다'라는 뜻의 동사.

해영

선비는 그 어떤 책문(策問)도 대책(對策)으로 소통시킬 수 있는 넓은 도량을 갖추어야 한다. 그러기 위해서는 굳센 몸과 의연한 마음은 기본이다. 본질적으로 인(仁)을 구현하기 위해서지만, 만물의 이치를 몸소 체득하여 이를 백성과 고락을 함께 하는 것이 존립의 이유이자 기반임을 고려하면 당연한 처사다. 그만큼 선비의 소임은 무겁고도 멀다.

공직자의 길도 다르지 않다. 살고 죽는 것이 간단하지 않듯 몸이 생(生)하고 마음이 존(存)하는 동안 끊임없이 채찍질하여 어떠한 어려움도 이겨낼 수 있도록 무장을 해야 한다. 공직자의 소임도 이처럼 무겁고 멀

다. 선비로 불리는 이유겠지만, 굳세고 의연한 마음을 유지하기 위해 내공(內功)을 쌓아야 한다. 내공의 힘이 넘쳐야 항진할 수 있다.

| 시·예·악 |

공자

공자가 이르기를, "시에서 흥기하며, 예에서 서며, 악에서 이루어진다."

원문

子曰 興於詩하며 立於禮하며 成於樂이니라

자해

* 흥어시(興於詩) : 시에서 흥기하다. 어(於) : ~로써, ~에 근거하여. 이(以)와 마찬가지로 동작의 근거나 대상, 수단, 방법 등을 표시하는 전치사. 시(詩) : 『시경』의 시를 가리킨다.

해영

옛날 사람들은 학문을 함에 있어서도 시(詩)와 예(禮)와 악(樂)을 중시했다. 그러나 그 효과를 얻는 데에는 순서가 있었다. 가령 시(詩)는 본질적으로 선한 마음이 일어나도록 하는 차원에서 가르쳤고, '예'는 '인'의 수단이긴 하지만, 절문(節文)과 도수(度數)를 자세하게 하여 내적으로는 덕성을, 외적으로는 굳세고 어지럽지 않게 하기 위해 부과했으며, '악'은 '예'만 강화되면, 자칫 사회가 경직될 것을 우려하여 높고 낮음을 고르게 할 수 있는 이른바 '악'을 도입하여 사회 환경이 유연해지도록 한 것이다. 결과적으로 선한 마음(詩)이 질서(禮)와 조화(樂)를 이룰 수 있도록 순차(順次)화 한 것이다.

공직사회에서의 시(詩)는 일종의 교양교육이다. 교양교육만으로 공직사회가 움직이기는 쉽지 않다. '예'를 중시하게 된 배경이 여기에 있다. 그러나 오늘날 공직사회는 지나치게 '예'를 중시하는 환경 때문에 악(樂)이 급히 요구되는 곳으로 변해 버렸다. 계급사회라는 특수한 환경을 고려하더라도 '악'이 '예'에 견주지 못한다면, 공직환경이 쉽게 변화되기는 어려울 것이다. 학문에서도 선한 마음을 일어나게 해서 '예악'을 가르치듯, 공직사회에서도 구성원의 개성을 존중하여 '예악'이 균형을 이루도록 해야 한다. 내공(內功)을 쌓아야 한다. 내공의 힘이 쌓여야 문화국가를 유연하게 이끌 수 있다.

| 스스로 낮춤 |

공자

공자가 이르기를, "백성은 도(道)를 따르게 할 수는 있어도 알게 할 수는 없다."

원문

子曰 民은 可使由之요 不可使知之니라

자해

* 민가사유지(民可使由之) : 백성은 그들로 하여금 따르게 할 수 있다. 민(民) : 사(士)나 인(人)의 대조적인 개념으로 피지배자로서의 민중을 가리킨다. 사(使) : 다음에 목적어로서 민(民)을 가리키는 인칭대사가 생략되어 있다.
* 불가사지지(不可使知之) : 그들로 하여금 알게 할 수 없다. 지(之) : 일반적인 사실·사물·사람을 가리키는 인칭대사.

해영

성인(聖人)의 말씀은 스스로 낮추는 경향이 강하고, 현인(賢人)의 말씀은 스스로 높이는 경향이 있다. 때문에 성인의 말씀은 높아지고, 현인의 말씀은 상대적으로 낮아진다. 요즘 공직사회의 정서와 크게 다르지 않다. 스스로를 높이지 못해 안달하는 인사들이 적지 않다. 틈만 나면 높아지려고만 하는 통에 구성원들 간 갈등도 끊이지 않는다. '성인의 말씀'처럼, 낮추고자 하면 높아지고, 높이고자 하면 낮아진다는 것과는 딴판이다.

동류의 공직자이고 목표의식이 뚜렷하지 않아도 '공직 철학의 도'를 따르게 하는 것은 그리 어렵지 않다. 하지만 그것을 명확하게 인지할 수 있도록 하는 건 결코 쉬운 일이 아니다. 마찬가지로 민중에게 '도'를 따르게 할 수는 있어도 그것을 알 수 있게 하는 건 사실상 불가능한 일이다. 그럼에도 공직자는 '공직에 대한 철학'을 인식하기 위해 끊임없이 내공(內功)을 쌓아야 한다. 내공의 힘이 흘러 넘쳐야 스스로를 낮출 수 있다.

| 독실한 믿음 |

공자

공자가 이르기를, "독실하게 믿으면서도 배우기를 좋아하며, 죽음으로써 지키면서도 도를 잘 실천해야 한다. 위태로운 나라에는 들어가지 않고, 어지러운 나라에는 살지 않으며, 천하에 도가 있으면 나타나 벼슬하고, 도가 없으면 숨는다. 나라에 도가 있을 때는 가난하고 천한 것이 부끄러우며, 나라에 도가 없을 때에는 부하고 귀한 것이 부끄럽다."

원문

子曰 篤信好學하며 守死善道니라 危邦不入하고 亂邦不居하며 天下有道則見하고 無道則隱이니라 邦有道에 貧且賤焉이 恥也며 邦無道에 富且貴焉이 恥也니라

자해

* 수사선도(守死善道) : 훌륭한 도를 사수하다. 수사(守死) : 굳게 지킨 결과로 죽음에 이르다, 죽을 때까지 이르다, 사수하다. 사(死)는 수(守)의 결과 보어로 동작이 극단적인 상황에 이름을 표시한다. 결과보어는 동사의 뒤에 붙어서 동작의 결과가 어떤 상태에 이르는지를 설명해주는 문장성분이다.
* 천하유도즉현(天下有道則見) : 천하에 도가 있으면 나타나다. 현(見) : 세상에 나타나 벼슬을 하다. 현(現)과 같다.
* 빈차천언(貧且賤焉) : 가난하고 비천하다. 언(焉) : 음절을 조정하고 어기를 고르는 어기조사.

해영

자칫하면 공직자들이 잘못 이해할 수 있는 부분이다. 천하에 도(道)가 있으면 나아가 벼슬하고, '도'가 없으면 숨어살아야 한다는 대목 때문이다. 세상이 오랫동안 '도'가 없이 지속되다 보니 이러한 경향의 정서가 굳어진 결과다. 그러나 '도'가 없는 세상에 나와 벼슬하고자 하면 자칫 귀한 목숨을 헛되게 할 수 있기 때문에 선현들은 철저히 숨어살았던 것이다. 이른바 은자(隱者)들이 그런 사람들이다.

도를 지키기 위해 죽음도 불사하는 일은 예나 지금이나 존재한다. 세간에 살신성인(殺身成仁)한 사람들이 이에 해당한다. 세상이 이만큼이라도 유지하는 것이 어쩌면 그들 덕분이다. 공직자들도 예외가 아니다. 예나 지금이나 공직의 도를 지키고자 애쓰는 이들이 적지 않다. 명실(名實)이 부합되는 행위를 하는 것이다. 공직자들을 무거운 짐을 지고 가는 사람이라고 하여 존중하는 이유도 여기에 있다.

공직자가 되기 위해서는 일정한 절차를 거친다. 과거에는 신언(身言)을 먼저하고 서판(書判)을 나중에 한 적이 있지만, 요즘은 대체로 서판(필기시험)을 먼저하고 신언(면접시험)을 나중에 한다. 수기치인(修己治人)이라고 선 학문(修己)을 하고, 후 출사(治人)하는 것이 자연스럽게 굳어진 것이다. 출사하여 의(義)를 지키면 그 발자취가 밝아지고, 그 발자취가 밝아지면 결국 나라에 '도'가 생기기 시작한다.

도가 생기면 누구나 부(富)하고 귀(貴)한 것을 드러낸다. 이를 위해서는 독실한 믿음을 가지고 배우기를 좋아해야 하며, 죽을 각오로 그것을 지키는데 힘써야 한다. 화(禍)를 복(福)이라 위협해도 흔들리지 않음은 물론 옳고 그름을 살펴 미혹되지 않아야 한다. 부귀한 세상을 만드는 데도 따지고 보면 공직자들의 내공(內功)이 필요하다. 내공이 흘러넘쳐야 세속에서 논하는 위태로움을 멀리할 수 있다.

| 지위에 맞는 일 |

공자

공자가 이르기를, "그 지위에 있지 않으면 그 정사를 도모하지 않는다."

원문

子曰 不在其位하얀 不謀其政이니라

자해

* 불모기정(不謀其政) : 그 정사를 꾀하지 않다. 기(其) : 일반적인 사람을 가리키는 인칭대사.

해영

공직자는 누구나 정치인이다. 지위와 역량에 따라 다스림의 폭은 천양지차다. 가령 초야에 묻혀있는 사람들은 아무리 좋은 정책을 지니고 있다 해도 그것을 실현하기 쉽지 않다. 지위와 영역 때문이다. 반대로 대단한 지위와 환경 속에 있다 해도 마땅히 지켜야 할 분수는 있다. 넘어 버리면 자칫 월권(越權)[42]을 범할 수 있기 때문이다.

때문에 정치적인 업에 종사하는 공직자들은 남의 권한을 침해하거나 힘으로 강제하려 해서는 안 된다. 지위로 누르거나 말도 안 되는 정책을 가지고 구성원을 압박하는 행위도 있어서는 안 된다. 그 지위에 있지 않으면 도모하지 않으려는 데에도 내공(內功)을 쌓아야 절제가 가능하다. 내공이 시대의 화두인 창조행정을 구현할 수 있다.

42) 사전적 의미로는 '자기 권한 밖의 일에 관여하여 남의 직권을 침범하는 일'로 규정하고 있지만, 본래 월권이란 의미는 나무를 심어 문 안을 가리는 수색문(樹塞門)이나 술잔을 받치는 작(酌)의 규모 등에서 비롯되었다.

| 한결같은 공부 |

공자

공자가 이르기를, "배움은 따라가지 못할 듯이 하고, 오히려 잃을까 두려워하여야 한다."

원문

子曰 學如不及이요 猶恐失之니라

자해

* 학여불급(學如不及) : 배움은 미치지 못할 듯하다. 늘 부족하다는 마음을 가지고 열심히 배운다는 뜻이다.
* 유공실지(猶恐失之) : 오히려 그것을 잃을까 두려워하다. 유(猶) : 오히려, 아직도, 그래도. 지(之) : 학(學), 즉 배운 내용을 가리키는 인칭대사.

해영

배운다는 것은 말할 것도 없이 실제로 활용하기 위함이다. 유가(儒家)에서는 '배움으로 시작'하여 '배움으로 마무리' 한다고 해도 과언이 아닐 만큼, 배움의 길은 끝이 없다. 일부 학자는 배우는 사람의 자세에 대해 '앞으로 나아가고자 하는 자는 달아난 자를 쫓지만 미치지 못하는 것과 같이 하고, 그 마음이 오히려 혹 잃어버려서 마침내 쫓아가지 못할까 두려워하는 것처럼 해야 한다.'고 주장한다. 적절한 비유가 아닐 수 없다.

소학동자(小學童子)로 불린 한훤당 김굉필(金宏弼 : 1454~1504)은 평생을 배우고 실천하는데 게을리 하지 않았고, 남명 조식(曺植 : 1501~1572)은 몸에 성성자(惺惺子)라는 방울을 달고 살았다. 혹 배운 것을 실천하지 못할까 두려워한 결과다. 공직자가 이런 저런 시스템을 통해 갖가지 교육을 받는 것도 결국 민생을 위한 조치의 일환이라는 점에서 내공(內功)을 필요로 한다. 내공의 힘이 쌓여야 학문을 지속할 수 있다.

자한 (子罕)

| 군자의 도 |

공자

공자가 구이(九夷)에 가서 살고자 하니, 어떤 사람이 말하기를, "누추한데 어떻게 하시렵니까?"라고 물었다. 공자가 이르기를, "군자가 거주한다면 무슨 누추함이 있겠는가?"

원문

子欲居九夷러니 或曰 陋커니 如之何잇고 子曰 君子居之면 何陋之有리오

자해

* 욕거구이(欲居九夷) : 구이에 거주하고자 한다. 구이(九夷) : 고대 만주·조선·일본 등지에 살던 민족을 중국 사람들이 부르던 이름. 옛날에는 동방에 구이가 있었다고 한다. 『후한서(後漢書)』에는 견이(畎夷)·어이(於夷)·방이(方夷)·백이(白夷)·풍이(風夷)·황이(黃夷)·적이(赤夷)·현이(玄

夷)·양이(陽夷) 등 9종의 이(夷)가 기록되어 있다.

* 여지하(如之何) : 그것을 어떻게 하는가. 여~하(如~何) : '~을 어떻게 하는가' 라는 뜻의 관용어. 지(之) : 루(陋)를 가리키는 인칭대사.
* 군자거지(君子居之) : 군자가 그곳에 거주하다. 군자(君子) : 기자(箕子)를 가리킨다.
* 하루지유(何陋之有) : 무슨 누추함이 있는가.

해영

중앙정부와 지방정부의 고위관료들 생활상을 보자. 차원이 다른 경우가 있다. 가령 인사교류 차원에서 지방정부의 고위관료가 중앙으로 올라가는 경우도 간혹 있지만 대체로 중앙정부에서 지방정부로 내려가는 경우가 많다. 이때 중앙정부의 관료들이 지방정부의 공직정서를 잘 이해하지 못해 지방정부의 환경이 누추하면 어쩌나 우려하는 수가 있다.

그러나 이는 기우(杞憂)에 불과하다. 오히려 지방정부의 공직환경이 중앙정부보다 나은 경우가 허다하다. 지방에서는 막연히 '중앙정부의 공직환경은 무척 좋을 거야!', '청와대의 직무환경은 얼마나 좋을까!'라고 생각한다면 백발백중 오해다. 지방정부의 공직환경과 비교할 때 결코 우위에 둘 수 없을 정도로 열악하기 짝이 없는 곳이 바로 중앙정부다.

평소 군자적인 태도를 유지하면 그곳이 군자 정부다. 계급이 높아 위대하고 계급이 낮아 군자의 생활을 못하는 게 아니다. 자기의 직분을 잘 이해하여 만전을 기하면 그곳이 양질의 공직환경이 되는 것이다. 물론 우수한 공직환경을 만들기 위해서도 내공(內功)은 필요하다. 내공이 흘러 넘쳐야 아련하게나마 가지고 있는 중앙의 공직환경을 지울 수 있다.

| 쉼 없는 체득 |

공자

공자가 시냇가에서 이르기를, "흘러가는 것이 이와 같구나! 밤낮을 그치지 않고 흘러가는구나."

원문

子在川上曰 逝者如斯夫인저 不舍晝夜로다

자해

* 서자여사부(逝者如斯夫) : 가는 것이 이와 같구나. 시간의 흐름이 빠르고 쉼 없음을 냇물에 비유한 것이다.
* 불사주야(不舍晝夜) : 밤낮으로 쉬지 않다. 사(舍) : 머물다, 쉬다.

해영

냇가에서 흐르는 물을 보고도 도(道)가 어찌 체득되는지를 숙고하는 것은 중요하다. 자연이 만물(萬物)을 생육(生育)하는 것은 참으로 신묘(神妙)하여 헤아릴 수가 없다. 물이 흐르는 것도 이와 다르지 않다. 잠시도 쉼 없이 이어오고 이어간다. 작은 사물의 움직임을 놓치지 않아야 큰 사물의 움직임을 정확히 읽어 삶의 질을 윤택하게 할 수 있다.

공직의 삶도 이와 무관하지 않다. 역경을 이겨내며 쌓은 선배들의 적선(積善)적인 지혜를 끊임없이 이어받아 후배들에게 이어줌은 밤낮이 따로 없다. 이어받고 이어주는 것을 인식하지 못한다고 현상이 사라진 것이 아닌 것처럼 늘 성찰할 수 있어야 한다. 이를 위해 내공(內功)을 쌓아야 함은 물론이다. 내공이 넘쳐나야 적폐(積弊)를 줄일 수 있다.

| 덕과 여색 |

공자

공자가 이르기를, "나는 덕을 좋아하기를 여색을 좋아하듯이 하는 사람을 보지 못했다."

원문

子曰 吾未見好德을 如好色者也니라

자해

* 호덕(好德) : 덕을 좋아함.
* 여호색(如好色) : 여색을 좋아함과 같다.

해역

여색(女色)을 좋아하는 마음을 돌이켜 '덕'을 좋아한다면 이루지 못할 덕이 없다. 어렵지 않은 말이다. 그러나 이를 실천하기란 만만치 않다. 성(性)이라는 글자도 '살려고 하는 마음'에서 비롯된 것처럼, 여색을 뒤로 하고, '덕' 쌓는 일만 실행하기란 결코 쉽지 않다.

공직으로 의론해 보자. 자기 가족을 사랑하는 만큼, 민중을 사랑하라는 말과 다르지 않은 얘기다. 이성적으론 부정할 수 없는 말이지만, 감성적으로는 가족을 먼저 사랑하고 남는 힘이 있어야 민중을 사랑할 수 있는 것이 우리네 정서다. 어쩔 수 없는 인지상정이다.

가령 공직이 '민중을 위해 존재하는 것'이라고 주구장창 민중만을 부르짖는 행태는 현실에서 통할 수 없다. 다만 이상(理想)에 가깝게 애쓰는 마음을 유지하는 것은 중요하다. 사사로움을 배제하고 공직의 이름에 부합되도록 하는 자세는 칭찬받아 마땅한 일이다.

여색을 좋아하는 감정은 '본능'이다. 이러한 본능에 충실히 하는 것을 부정할 수 없다면, 차라리 '덕' 쌓는 데에 더욱 정력을 보강하는 게 낫다.

이를 위해서도 내공(內功)이 쌓여야 함은 말할 것도 없다. 내공이 흘러 넘쳐야 호색(好色)처럼 호덕(好德)도 가능하다.

| 배움의 성취 |

공자

공자가 이르기를, "비유하자면 산을 만드는데 흙 한 삼태기가 모자라 이루지 못하고 그치는 것도 내가 그치는 것이며, 비유하자면 땅을 고르는데 비록 흙 한 삼태기를 부어서 나아가는 것도 내가 하는 것이다."

원문

子曰 譬如爲山에 未成一簣하야 止도 吾止也며 譬如平地에 雖覆一簣나 進도 吾往也니라

자해

* 비여위산(譬如爲山) : 비유하자면 산을 만드는 것 같다. 비여(譬如) : '비유하자면 ~와 같다. 비유컨대'라는 뜻의 관용어.
* 미성일궤(未成一簣) : 한 삼태기가 모자라 이루지 못하다.
* 수복일궤(雖覆一簣) : 비록 한 삼태기를 붓더라도. 궤(簣) : 삼태기.

해영

배우는데 있어서 성취는 매우 중요한 가치다. 비유하자면 흙을 쌓아 산을 이루는 것과 흡사하다. 한 삼태기의 흙을 더하면 반드시 이룰 수 있는 것임에도 갑자기 일을 그만두면 뜻을 이루지 못한다. 한 삼태기의 흙을 더 부어서 산을 이루는 것도 자신의 일이요, 그만두는 것도 자신의 일이다. 성취와 성취하지 못하는 것은 이처럼 미묘함에서 비롯된다. 학문을 하는 과정도 다르지 않다. 나아가고 그치는 것이 모두 자신의 의지에 달려있는 것이다.

학문이 비록 더디게 진척되더라도 이를 탓할 게 아니라 그치는 것을 경계해야 한다. 마찬가지로 공직을 수행하는 것도 민중을 위하는 마음을 결코 잊어서는 안 된다. 민중이 마음에서 떠난 공직자는, 성과는 물론 존립할 수도 없다. 학자가 자강불식(自强不息)[43]하며 작은 것을 끊임없이 쌓아 큰 것을 이루듯 공직자도 작은 부분을 잊지 않아야 크게 성취할 수 있다. 이를 위한 내공(內功)은 필수다. 내공의 힘이 넘쳐야 자주 성취감을 맛볼 수 있다.

---

43) 하늘의 강건한 덕을 표준으로 삼아 끊임없이 노력하는 태도를 가리킨다. 『周易』, 「象傳」에서 "하늘의 운행은 굳세니 군자는 그것을 본받아 스스로를 강하게 하여 쉼이 없다(天行健君子以自强不息)"라는 데에서 유래한다.

| 꽃과 열매 |

공자

공자가 이르기를, "싹이 났으나 꽃이 피지 못하는 것도 있고, 꽃이 피었으나 열매를 맺지 못하는 것도 있다."

원문

子曰 苗而不秀者有矣夫며 秀而不實者有矣夫인저

자해

* 묘(苗) : 곡식이 처음 나는 것. 수(秀) : 꽃이 피는 것. 실(實) : 곡식이 성숙된 것.
* 유의부(有矣夫) : 있도다. 의부(矣夫) : 감탄의 어기를 표시하는 어기조사.

해영

식물은 대체로 싹이 난 뒤에 꽃이 피고, 꽃이 핀 뒤에 열매를 맺는다. 싹에는 꽃이 필 유전자가 담겨 있지만 반드시 꽃을 피우는 것은 아니며, 꽃 역시 열매를 맺는 유전자가 존재하지만 반드시 열매를 맺는 것은 아니다. 사람이 학문을 하는 경우나, 공직자가 공직을 수행하는 경우도 성취하는 유전자는 본래부터 존재한다. 그러나 반드시 성취하는 것은 아니다. 환경의 지배를 받기 때문이다.

문제는 꽃을 피우지 못할지라도, 열매를 맺지 못할지라도, 공직자가 성과를 내지 못할지라도 포기해서는 곤란하다는 것이다. 꽃을 피우기 위해 노력하고, 열매 맺기 위해 노력하듯, 공직자도 성과가 없을 거라고 예단하여 무책임하게 직무를 게을리 하거나 멈추기보다는 성과를 내기 위해 무진 애를 써야 하는 것이다. 성과를 위해서도 내공(內功)은 필수다. 내공의 힘이 쌓여야 열매를 맺을 수 있다.

| 후생에 대한 격려 |

공자

공자가 이르기를, "후생이 두려울 만하니 앞으로 오는 자들이 지금보다 못할 줄을 어찌 알겠는가? 그러나 40세, 50세가 되어도 알려지지 않으면 그 또한 두려울 것이 없다."

원문

子曰 後生이 可畏니 焉知來者之不如今也리오
四十五十而無聞焉이면 斯亦不足畏也已니라

자해

* 사십오십이무문언(四十五十而無聞焉) : 40세, 50세가 되어도 명성이 없다. 언(焉) : 음절을 조정하고 어기를 고르는 어기조사. 문(聞) : 견문, 명성.

해영

후생(後生)이라는 말은 이른바 후배(後輩)다. 후배가 가지는 장점은 두 가지가 있다. 하나는 젊어서 학문을 할 수 있는 날이 많다는 점이고, 다른 하나는 힘이 있어 학문할 수 있는 바탕이 넉넉하다는 점이다. 때문에 후배가 배우고자 하는 데 힘쓰면 빠른 시일 내에 성취할 수 있다. 선배가 두려워하는 것은 이런 저력 때문이다. 그러나 후배가 경계해야 하는 부분도 있다. 힘만 자랑하며 때에 알맞은 데에 힘쓰지 않고 세월을 보내는 경우다.

허튼 짓을 몇 번 거듭하다 보면, 관성에 따라 자신도 모르는 사이 곧 40세, 50세가 되고 만다. 이런 나이가 되면 도저히 선배를 따라갈 수 없다. 후배의 장점을 제대로 활용하지 못하면 아무 소용이 없는 것이다. 평소 '두려워 할만하다'라는 명성이 들려야지, '두려울 것이 없는 사람'이라는 얘기를 듣는 이에게는 더 이상 볼 것이 없다. 이를 위해 부지런히 내공(內功)을 쌓아야 한다. 내공이 잔뜩 쌓여야 선배의 선정(善政)을 앞서갈 수 있다.

| 군자의 절개 |

공자

공자가 이르기를, "날씨가 추워진 뒤에야 소나무와 잣나무가 뒤늦게 시드는 것을 안다."

원문

子曰 歲寒然後에 知松柏之後彫也니라

자해

* 세한(歲寒) : 추운 겨울. 조(彫) : 시듦. 조(凋)와 통용.

해영

만물이 무성할 때는 '강하고 약함'이 잘 드러나지 않는다. 그러나 해가 저물어 찬바람 부는 겨울이 되면 저마다 가지고 있던 기운이 마르고 쇠해진다. 하지만 소나무와 잣나무는 때에 관계없이 푸른빛을 유지한다. 이는 세상이 태평하여 별일이 없을 때는 군자와 소인의 차이가 없는 것처럼 보이지만, 유사시에는 소나무와 잣나무처럼 분별되고야 만다.

날이 추워져야 소나무와 잣나무가 드러나고, 유사시가 되어야 군자와 소인이 드러난다. 때문에 소나무와 잣나무가 초목의 군자라면, 군자는 소나무나 잣나무와 같은 존재다. 공직자도 마찬가지다. 소나무와 잣나무 같은 인재들이 셀 수 없이 많다. 나라가 건재한 이유도 여기에 있다. 내공(內功)을 쌓아야 한다. 내공이 인재로 계속 유지시킬 수 있다.

향당
(鄕黨)

| 가려 먹음 |

공자

밥은 정미로 한 것을 싫어하지 않으며, 회는 가늘게 썬 것을 싫어하지 않았다. 밥이 상하여 쉰 것과 생선이 상하고 고기가 부패한 것을 먹지 않았다. 빛깔이 나쁜 것을 먹지 않고, 냄새가 나쁜 것을 먹지 않았으며, 잘못 익힌 것을 먹지 않고, 때가 되지 않은 것을 먹지 않았다. 자른 것이 바르지 않으면 먹지 않고, 장이 갖추어지지 않으면 먹지 않았다. 고기가 비록 많으나 밥 기운을 이기게 하지 않았으며, 술은 일정한 양이 없었는데 어지러운 지경에 이르지는 않았다. 시장에서 사온 술과 포를 먹지 않았다. 생강을 먹는 것을 그만두지 않았다. 많이 먹지 않았다.

원문

食不厭精하며 膾不厭細러다 食饐而餲와 魚餒而肉敗를 不食하며 色惡不食하며 臭惡不食하며 失飪不食

하며 不時不食이러다 割不正이어든 不食하며 不得其醬이어든 不食이러다 肉雖多나 不使勝食氣하며 惟酒無量하대 不及亂이러다 沽酒市脯를 不食하며 不撤薑食하며 不多食이러다

자해

* 식불염정(食不厭精) : 밥은 정미한 것을 싫어하지 않다. 사(食) : 밥. 정(精) : 쌀을 곱게 찧다, 정미하다.
* 사의이애(食饐而餲) : 밥이 상하여 냄새가 나고 맛이 변한 것. 의(饐) : 음식이 쉬어서 냄새가 나다. 애(餲) : 음식이 쉬어서 맛이 변하다. 의(饐)와 애(餲)는 같은 것으로 정도의 차이가 약간 있을 뿐이다.
* 어뇌이육패(魚餒而肉敗) : 생선이 상하고 고기가 부패하다. 뇌(餒) : 물고기가 썩다. 이(而) : '~와' 라는 뜻의 접속사. 여(與)와 같다.
* 실임(失飪) : 익히는데 있어서 적정선을 놓치다. 덜 익거나 너무 익은 것을 뜻한다.
* 불시(不時) : 때가 아니다. 과일이나 곡식이 제대로 성숙되지 않아 해로울 가능성이 있음을 뜻한다. 불(不) : 비(非)와 같다.
* 부득기장(不得其醬) : 그것에 어울리는 장을 얻지 못하다. 가령 회를 먹을 때는 겨자를 푼 장이 필요한 것처럼 음식에 따라 각기 그것에 어울리는 장이 있어야 하는 법인데 그것이 없음을 뜻한다.
* 불사승사기(不使勝食氣) : 밥 기운을 이기도록 하지 않다. 사(使) 다음에 육(肉)을 가리키는 인칭대사가 생략되어 있다.

* 고주시포불식(沽酒市脯不食) : 시장에서 사온 술과 포를 먹지 않다.

* 불철강식(不撤薑食) : 생강 먹는 것을 그만두지 않다.

해영

생명을 유지하기 위해서는 음식(飮食)이 필수요소다. 공자의 음식 취향은 특이했다. 정미하지 않은 밥보다는 정미된 밥을 선호했고, 정갈하지 않은 회(膾)보다는 정갈한 회를 좋아했으며, 상한 생선이나 상한 고기, 색이 변하거나 냄새가 변한 것도 먹지 않았다. 또 계절에 맞게 수확된 곡식이나 과일을 선호했다. 공자의 이러한 행위는 음식마다 특유의 성질을 가지고 있기 때문에 서로 조화를 이루어야 한다는 의식 때문이었다.

오래 전, 음식을 지은 사람은 '어떤 것을 먹을 때는 반드시 어떤 것과 함께 먹으라'고 하였다고 전한다. 서로 도움이 되기 때문이었다. 혹 어긋나면 반드시 몸에 해가 되었기에, 먹고 마시는데 가리게 된 것이다. 몸을 기르는, 이른바 양생(養生)의 핵심은 곡식을 위주로 해야 하고, 고기는 몸을 돕는 일종의 보조제로 삼았다. 때문에 고기를 지나치게 섭취하면 고기 기운이 곡식 기운을 해쳐 결국 몸의 균형이 깨져 병이 들게 된다.

술도 마찬가지다. 사람을 기르는데 필요한 보조제임에도 과음하면 몸의 균형이 깨져 결국 몸을 상하게 한다. 가리지 않을 수 없는 이유가 여기에 있다. 따라서 먹어서 사람을 상하게 할 수 있는 것은 애초부터 먹지 않는 것이 좋다. 공직생활도 이와 다르지 않다. 민중들의 '마음을 넓혀주고 채워주기 위한 방도'를 제외하고는 모두 가려야 한다. 가령 공직을 사사로움에 활용한다거나 조직이기주의를 일삼는 행위 등은 가려야 한다.

공직자의 이름에 걸맞은 행위를 위해서는 각각의 공직자들이 의식을 확고하게 다지고 실천하지 않으면 안 된다. 먹고 마시는, 이른바 음식도 '몸의 균형을 위해' 가려먹듯, 공직자들 또한 마땅히 '민중을 위해' 존재한다는 것을 깊이 인식하여, 다른 조직과의 조화를 이룰 수 있도록 가려 움직일 필요가 있다. 이를 위해서도 내공(內功)을 쌓아야 한다. 내공의 힘이 흘러 넘쳐야 몸을 위해 음식을 가리듯 민중을 위해 헌신할 수 있다.

| 마구간 화재 |

공자

마구간에 불이 났었는데, 공자가 조정에서 물러나와 이르기를, "사람이 상했는가?" 하고 말에 대해서는 묻지 않았다.

원문

廏焚이어늘 子退朝曰 傷人乎아 하고 不問馬하다

자해

* 구(廐) : 마구간.

* 상인호(傷人乎) : 사람이 다쳤는가?

해영

공자가 벼슬할 때, 마구간에 불이 난적이 있다. 공자가 "사람이 다쳤는가?"라고만 묻고, 기르던 말(馬)에 대해서는 묻지 않았다. 이에 말들이 많다. 어떻게 '말'에 대해서는 일언반구도 없느냐는 것이다. 그러나 이는 오해다. 공자는 사람의 인(仁)과 동물의 인(仁)을 '차등화'하여 언급했기 때문이다. 측은한 마음이 동물에게는 없어서가 아니라 동물에 대한 '인'한 마음이 사람보다 다소 늦었을 뿐이다. '인'한 마음은 사람이나 동물 모두에게 있다.

예컨대 자신의 가족과 남의 가족이 있으면, 나의 가족을 먼저 사랑하고, 자기가 속한 조직과 다른 조직이 있으면, 자기가 속한 조직의 구성원을 더 아끼는 것과 같은 경우다. 조선의 천재 군주인 정조 또한 내시가 실수하여 소반을 떨어뜨렸을 때, "다친 사람은 없느냐?"[44]고 물었던 것과 같은 경우다. 그도 소반과 사물을 아끼는 마음이 없어서가 아니라 사람보다 다소 늦는다는 점을 암시한 것이다. 유가(儒家) 차별애(差別愛)의 전형이다.

44) 정조가 이르기를, "밤에 야참을 올릴 때, 내시가 소반을 받들고 물러가다가 문밖을 나서자마자 실수하여 소반을 땅에 떨어뜨렸다. 소리가 침소에까지 들려 좌우가 모두 놀랐는데, 천천히 하교하기를, '다친 사람은 없느냐?' 하고, 다른 것은 묻지 않았다."(『弘齋全書』 卷177, 「日得錄」, 訓語4. : 嘗夜進夕饍, 內侍奉盤退, 纔出戶外, 誤失手墮盤于地. 聲徹臥內, 左右皆驚, 徐教曰, 無傷人乎, 不問他.)

많이 줄어들긴 했지만 아직도 교통사고가 적지 않게 일어난다. 사람을 위해 제작된 교통수단인 자동차가 사고로 이어지면 당황하는 경우가 많다. 큰 사고는 말할 것도 없지만, 가벼운 접촉사고임에도 고급차일 경우, 주객이 전도(顚倒)되는 현상이 횡행한다. 사람의 안전이나 구호조치가 먼저 이뤄져야 함에도 자동차가 상처 난 부분에 관해서만 집중적으로 관심을 표하는 이들이 존재하는 것이다. 물욕에 어두워 '인'한 마음이 가려진 결과다.

복지부동(伏地不動)이란 말이 있다. 무더위에 개가 납작 엎드린 경우와 같이 징계가 두려워 직무를 소홀히 하는 경우 사용하곤 한다. 가령 투철한 소명의식을 바탕으로 직무를 수행하다 생긴 문제도 전후사정을 파악하기보다는 징계 수위에만 관심을 보이는 것 또한 '인'한 마음을 잃어버린 결과다. 반드시 개선해야 할 부분이다. 이런 구조적 모순을 해소하는 데에도 내공(內功)이 필요하다. 내공이 쌓여야 의연하게 '인'한 일을 유지할 수 있다.

선진 (先進)

| 성인의 예 |

공자

안연이 죽자 안로[45]가 공자의 수레를 팔아 곽[46]을 만들 것을 청하니, 공자가 이르기를, "재주가 있거나 재주가 없거나 또한 각각 자기의 아들이라고 말할 것이다. 이(鯉)[47]가 죽었을 때에 '관'만 있었고 '곽'은 없었으니, 내가 수레를 팔아 도보로 걸어 다니며, '곽'을 만들어주지 못한 것은 내가 대부의 뒤를 따르기 때문에 도보로 걸어 다닐 수 없어서이다."

---

45) 안연의 부친. 이름은 무요(無繇)이고, 로(路)는 그의 자(字)다. 공자보다 6세 연하로 그 역시 공자의 제자였다.

46) 오늘날에는 하나의 널, 즉 관(棺)만을 사용하지만, 오래 전 특수한 경우에는 외부에 하나의 널을 추가로 설치하기도 했다. 즉 내관을 관(棺)이라 하면 외관을 곽(槨)이라 한다. 가령 성(城)을 한 번 더 둘러싸는 것을 곽(廓)이라는 점을 고려하면 쉽게 이해할 수 있을 것이다. '성곽'은 '성'과 '곽'이 함께 있는 것을 뜻한다. 그러므로 '곽'이 없는 '성'을 '성곽'으로 부르는 것은 적절하지 않다. 그냥 '~성'으로 불러야 한다.

47) 공자의 아들로 자(字)가 백어(伯魚)다. 그가 태어났을 때 당시 노나라 임금이던 소공(昭公)이 잉어를 하사했기 때문에 이름을 이렇게 지었다.

원문

顔淵이 死커늘 顔路請子之車하야 以爲之椁한대 子曰 才不才에 亦各言其子也니 鯉也死커늘 有棺而無椁호니 吾不徒行하야 以爲之椁은 以吾從大夫之後라 不可徒行也니라

자해

* 안로청자지거이위지곽(顔路請子之車以爲之椁) : 안로가 공자의 수레로 그에게 덧널을 만들어주기를 청하다.
* 자지거이(子之車以) : 이자지거(以子之車)가 도치된 것.
* 위(爲) : 만들다.
* 역각언기자야(亦各言其子也) : 각각 자기의 자식에 관하여 말하다. 안로가 공자에게 그의 자식 안연이 훌륭한 인물이었으니, 그를 위하여 외관을 마련해 달라고 한 것처럼 사람들은 누구나 다 자기 자식에 대하여 좋게 말한다는 뜻이다.
* 이야사(鯉也死) : 이가 죽다.
* 이오종대부지후(以吾從大夫之後) : 내가 대부의 뒤를 따랐기 때문에. 이(以) : 원인을 표시하는 전치사. 종대부지후(從大夫之後) : 공자는 하대부(下大夫)였기 때문에 겸손하게 말한 것이다.

해영

자식을 사랑하는 마음은 부모라면 모두가 다르지 않을 것이다. 훌륭

한 자식인 안회가 죽자, 그의 아비인 안로는 당연히 장사를 후하게 치러 주고 싶었을 것이다. 그러나 공자는 이를 따르지 않았다. 가장 아끼던 제자였고, 그의 죽음에 대해 탄식했던 그였지만 일찍이 과공비례(過恭非禮)를 언급했던 것처럼, 그의 청을 받아들일 수는 없었던 것[48]이다.

그것은 자칫 또 다른 '예'를 범할 수 있기 때문이었다. 가령 하대부의 신분이었던 공자가 사안마다 도보로 정사를 행하는 것도 쉽지 않았을 뿐더러 공적으로도 때에 맞춰 직무를 수행해야 함에도 이를 따르지 못해 빚어지는 폐단을 감당하기 쉽지 않아서였다. 또한 선임 대부들에게도 '예'를 범할 수 있는 빌미가 될 수도 있었음은 말할 것도 없다.

오늘날 공직자들이 고민해야 할 부분은 자신의 청렴만을 부각하기 위해 공적인 물품을 아예 사용하지 않으려는 태도다. 우려되는 지점이다. 공적인 물품을 사용토록 합의를 한 것은 '때에 맞춰 직무를 수행'함으로써 수많은 민중들의 삶의 질을 높이라는데 뜻이 있다. 이는 자신의 청렴만을 앞세워 사용하지 않아 생기는 부작용을 내다보지 못한 결과다.

때에 적중[時中]해야 한다. '공적'인 데 사용할 때와 '사적'인데 사용할 때를 명확히 인식해야 한다. 때에 적중하지 못하면, 자칫 나무 위에서 고기를 구하려는 어리석은 행태가 나타날 수도 있기 때문에 공직자라는

48) 자식이 재주가 있든 재주가 없든 사랑하는 마음은 누구나 같다. 특정한 이를 위해 후하게 장사를 치러주는 일은 또 다른 문제가 뒤따를 수 있다는 점에서 거절한 것이다. 최근 세월호 침몰 사건으로 온 민중이 혼란을 거듭하는 것은 예(禮)가 사안마다 다뤄졌기 때문이다. 성찰할 일이다.

이름에 맞게 움직여야 한다. 그것이 공직의 예다. 이를 위해서도 내공(內功)이 필요하다. 내공이 넘쳐야 '사적'인 슬픔을 이길 수 있다.

| 생사의 도 |

공자

계로가 귀신을 섬기는 것에 대하여 묻자, 공자가 이르기를, "사람을 섬기지 못한다면 어떻게 귀신을 섬기겠는가?" "감히 죽음을 묻습니다." 공자가 이르기를, "태어남을 알지 못한다면 어찌 죽음을 알겠는가?"

원문

季路問事鬼神한대 子曰 未能事人이면 焉能事鬼리오
敢問死하노이다 曰 未知生이면 焉知死리오

자해

* 계로(季路) : 공자의 제자 자로(子路).
* 미능사인언능사귀(未能事人焉能事鬼) : 사람을 섬기지 못한다면 어찌 귀신을 섬기겠는가? 이는 사람을 섬기듯 귀신을 섬기면 된다는 뜻이다. 가령 조상에게 제사지낼 때는 조상이 앞에 앉아 계시는 것처럼 생각하고, 신령에게 제사를 지낼 때는 마치 신령이 앞에 앉아 있는 것처럼 생각하고 경건하게 하면 된다는 의미다.

해영

밝음은 삶이고, 어두움은 죽음이라는 이야기가 있다. 여기서 태어나는 도를 알면 죽는 도를 추측(推測)[49]할 수 있고, '귀신 섬기는 도'를 알면 '사람 섬기는 도' 또한 알 수 있다고 하여, 결코 나누거나 그렇다고 하나로만 보지 않음을 확인할 수 있다. 세속에서 유가(儒家)를 현실주의 철학이라고 하는 이유가 여기에 있다. 귀신을 섬기는 것과 삶과 죽음의 문제는 종교철학의 문제로도 연계된다. 살아가면서 고민하지 않을 수 없는 문제다.

공직 최고의 가치는 역시 민중을 이상세계로 인도하는 것이다. 이를 위해 공직자가 필요한 것은 말할 것도 없다. 민중을 이상세계로 인도하기 위해서는 수많은 구성원들의 의식이 고양되어야 한다. 이상을 실현하기 위해서는 현실을 직시해야 한다. 물론 현실을 바로 볼 수 있는 혜안을 가진 동량이 필요함은 말할 것도 없다. 이를 위해서도 내공(內功)은 필수다. 내공이 쌓여야 이상과 현실에서 갈등하는 사람들을 속히 인도할 수 있다.

---

49) 조선 후기의 석학인 최한기(崔漢綺, 1803~1877)는 추측의 방법으로 다섯 가지를 제시했다. 즉 현상적 존재(氣)를 통하여 본질(理)을 추측하는 것[推氣測理], 드러난 정(情)을 통하여 본성(性)을 추측하는 것[推情測性], 움직임(動)을 보고 정지상태(靜)를 알아내는 것[推動測靜], 자기(己) 자신을 미루어 남(人)을 알아보는 것[推己測人], 사물(物)을 바탕으로 그 일(事)을 짐작하여 아는 것[推物測事]이 그것이다.

| 기질을 변화시킴 |

공자

공자가 이르기를, "유의 비파 가락을 어찌 내 문하에서 연주하는가?" 문인들이 자로를 공경하지 않자, 공자가 이르기를, "유는 당에는 올랐으나 아직 방에 들어오지는 못한 것이다."

원문

子曰 由之瑟을 奚爲於丘之門고 門人이 不敬子路한대 子曰 由也는 升堂矣요 未入於室也니라

자해

* 유지슬(由之瑟) : 유의 슬. 유(由) : 자로(子路). 슬(瑟) : 거문고와 비슷하면서 더 큰 현악기로 줄이 보통 25개 있다.
* 해위어구지문(奚爲於丘之門) : 어찌 내 문하에서 연주하는가. 위(爲) : 연주하다. 어(於) : 장소를 표시하는 전치사. 구(丘) : 공자의 이름. 실(室) : 학문하면서 초기엔 마당에서 배우다가 당(堂)으로 올라가고, 일정한 실력이 갖춰지면 실(室)로 들어가는 것이 학문의 과정이다.

해영

제자인 자로의 기질이 강하고 용맹한 이유로 그의 비파에서 나오는 소리가 중화(中和)되지 못하여 이를 경계하여 이른 말이다. 요컨대 공자는

사람을 가르칠 때 '중화'를 숭상하는데 자로의 비파소리가 공자의 가르침과 서로 다르다 보니 문제를 삼은 것이다. 즉 그의 거친 기질을 변화시켜 도(道)를 터득하는 방법을 일러준 것이다.

공직의 길에 들어선 이들을 위해 선배공직자들은 각종 교육프로그램을 통해 후배공직자들을 훈도한다. 여기는 자로처럼 거친 후배도 있고, 가르침을 그대로 따라하는 후배도 있으며, 유약하여 느리게 체득하는 공직자도 있다. 그러나 누구나 일정한 시간을 보내고 나면 대체로 '공직의 도'를 무난하게 터득하는 것이 일반적인 현상이다.

미당(未堂)이란 호(號)를 사용한 시인이 있다. '아직 당(堂)에 오르지도 못한 천한 신분'이란 뜻을 가슴에 새기며 평생을 살았다. 겸사(謙辭)이지만, 자신을 낮춘 하나의 모범 사례로 전한다. 공직자들도 일정한 공직 본연의 도를 위해서는 적지 않은 내공(內功)이 필요하다. 내공의 힘이 흘러넘쳐야 고품질의 행정서비스를 구현할 수 있다.

| 악을 미워함 |

공자

계씨가 주공보다 부유하였는데도 구[50]가 그를 위해 세금을 걷어 재

50) 자(字)가 자유(子有)인 구(求)는 염구(冉求)를 지칭한다. 그는 계손씨의 가재(家宰)를 지낸 적

산을 늘려주었다. 공자가 이르기를, "우리 무리가 아니니, 소자들아! 북을 울려 성토하는 것이 옳다."

원문

季氏富於周公이어늘 而求也爲之聚斂而附益之한대 子曰 非吾徒也로소니 小子아 鳴鼓而攻之可也니라

자해

* 계씨부어주공(季氏富於周公) : 계씨가 주공보다 부유하다. 계씨(季氏) : 노나라 소공(昭公) 때의 대부 계손씨(季孫氏)를 말한다. 어(於) : 비교의 대상을 표시하는 전치사. 주공(周公) : 주나라 무왕의 동생으로 노나라의 제후로 봉해진 사람. 대부인 계씨가 주공을 능가할 정도로 부유하다는 것은 분에 넘치는 짓이었다.
* 렴(斂) : 거두다, 부과하여 거두어들이다.
* 공(攻) : 성토하다.

해영

공직자가 민중을 '이상세계로 인도하는 구성원'임은 말할 것도 없지만, 민중 가운데에서도 따지고 보면 '강자'보다 '약자'를 위하는데 더 초점이

이 있는데, 이때 그는 세금을 지나치게 많이 거둬들여 계손씨의 재산을 늘려 주었다. 이 때문에 공자는 악한 사람에게 아부하고 민중에게 해롭게 했다고 그를 미워하였다.

있다. 가령 '강자'는 누가 돌봐주지 않아도 스스로의 삶을 개척함은 물론 삶을 평화롭게 유지하는데 어려움이 없다. 하지만 '약자'는 국가에서 돌보지 않으면 피폐한 삶에서 벗어나기 어렵다.

국가가 존재하는 근본 이유는 말할 것도 없이 '약자'를 위해서다. 예로부터 함께 잘 살거나 함께 못 살 때는 갈등이 없다고 하였다. 따라서 잘 사는 부류와 못사는 부류가 극단으로 나뉘면 갈등이 유발되는 것이다. 그러므로 국가가 강자로 하여금, 끊임없이 사회적 책임 운운하며 '약자'를 돌볼 수 있도록 독려하는 이유도 여기에 있다.

공직자들의 책무는 이러한 환경에서 결코 벗어날 수 없다. 오히려 적극 개입하여야 한다. 사정이 이러함에도 강자를 위해 헌신한다면 더 이상 존재할 이유가 없다. 약자를 이상세계로 인도하기는커녕 양극화가 심화되는데 악역에 불과할 것이기 때문이다. 약자를 위해 내공(內功)을 쌓아야 하는 이유다. 내공이 쌓여야 떳떳할 수 있다.

| 눈높이 교육 |

공자

자로가 물었다. "들으면 곧 실행하여야 합니까?" 공자가 이르기를, "부형이 계시니, 어찌 들으면 곧 실행할 수 있는가?" 염유가 물었다. "들으면 곧 실행하여야 합니까?" 공자가 이르기를, "들으면 곧 실행하여야 한다." 공서화가 물었다. "유가 '들으면 곧 실행합니까?' 하고 묻자, 선생님은 '부형이 계시다'고 하시고, 구가 '들으면 곧 실행하여야 합니까?' 하고 묻자, 선생님은 '들으면 곧 실행해야 한다'고 대답하시니, 저는 의심스러워 감히 묻습니다." 공자가 이르기를, "구는 물러나므로 나아가게 한 것이고, 유는 남보다 배나 앞서므로 물러나게 한 것이다."

원문

子路問 聞斯行諸잇가 子曰 有父兄이 在하니 如之何其聞斯行之리오 冉有問 聞斯行諸잇가 子曰 聞斯行之니라 公西華曰 由也問聞斯行諸어늘 子曰 有父兄在라 하시고 求也問聞斯行諸어늘 子曰 聞斯行之라 하시니 赤也惑하야 敢問하노이다 子曰 求也는 退故로 進之하고 由也는 兼人故로 退之니라

자해

* 문사행저(聞斯行諸) : 들으면 곧 행하는가. 사(斯) : ~하면, 조건에 따른 결과를 표시하는 접속사. 저(諸) : 지호(之乎)와 같으며 지(之)는 문(聞), 즉 '들은 것'을 가리키는 인칭대사이고, 호(乎)는 의문의 어기를 표시하는 어기조사이다.
* 여지하기문사행지(如之何其聞斯行之) : 어떻게 들으면 곧 행하겠는가.
* 여지하(如之何) : '어떠하다'라는 뜻의 관용어로서 부사어 또는 술어로

쓰인다. 기(其) : 음절을 조정하고 어세를 강하게 하는 어기조사.

* 유야겸인(由也兼人) : 유가 남의 몫을 겸하다. 겸인(兼人) : 일반 사람보다 나은 것. 앞으로 나서서 남의 몫까지 다 할 정도로 적극적이라는 뜻이다.

해영

공자는 세계 최초로 눈높이 교육을 실시한 사상가다. 저마다의 성품에 맞게 가르쳤다. 예컨대 성질 급한 자로가 "들으면 곧 실행해야 합니까?" 물었을 때, 공자는 '의(義)를 들으면 당연히 용맹스럽게 해야 하겠지만, 또한 살피고 신중하게 하지 않을 수 없다. 부형이 계시는데 어떻게 일을 함부로 실행할 수 있겠는가'라고 하여 의협심이 강한 자로의 실천 속도를 늦추도록 일러주었고, 느긋한 염유에게는 '들음이 있으면 곧 힘써 행하여야' 한다고 하였다. 같은 질문에도 각각의 성품에 알맞게 가르침을 베푼 것이다.

옆에서 이를 지켜보면서도 사태를 파악하지 못했던 공서화는 어찌 같은 질문에 선생님은 달리 답하는 것이냐고 묻자, 공자는, 자로는 남의 일까지 하려는 성품이라 후퇴시킨 것이고, 염유는 물러나는 성품의 소유자이기 때문에 전진시킨 것이라 일러 주었다. 즉 본질적으로는 모두가 선한 일을 하도록 하기 위한 가르침이지만 각자 가지고 있는 편벽됨을 제거해 준 것이다. 그러나 자로의 경우, 그가 가지고 있는 순수한 의(義)가 혹 상하게 될 수도 있어 부형을 끌어들인 것처럼 그의 가르침은 특수성도 고려하고 있다.

공직사회를 보자. 공세적인 성향의 공직자가 있는가 하면 수세적인 공직자도 존재한다. 모두가 민중을 위하여 존재하지만, 어떤 이는 민첩하게 대응하는가 하면, 어떤 이는 좀 더디게 대응하는 이도 있다. 혜안을 가진 선배공직자들이 많이 나와 상벌이 배제된 환경에서 전진하는 공직자에게는 후퇴시키고, 후퇴하는 공직자에게는 전진시키는 이른바 눈높이 교육을 통해 공직사회의 갈등을 완화시켜야 한다. 그런 환경을 구축하는 데에도 내공(內功)은 필요하다. 내공이 쌓여야 효과적으로 민중들과 소통할 수 있다.

안연(顔淵)

| 사욕을 이김 |

공자

안연이 인(仁)에 대하여 묻자, 공자가 이르기를, "자기를 극복하고 예(禮)로 돌아가는 것이 '인'을 행하는 것이니, 하루 동안이라도 자기의 사욕을 이겨 '예'로 돌아가면 천하가 '인'을 허여할 것이다. '인'을 행하는 것은 자기로 말미암는 것이지, 남으로 말미암는 것이겠는가?" 안연이 말하였다. "그 조목을 묻겠습니다." 공자가 이르기를, "'예'가 아니면 보지 말며, '예'가 아니면 듣지 말며, '예'가 아니면 말하지 말며, '예'가 아니면 움직이지 말 것이다." 안연이 말하였다. "제가 비록 민첩하지 못하지만 청컨대 이 말씀에 종사하겠습니다."

원문

顔淵이 問仁한대 子曰 克己復禮爲仁이니 一日克己復禮면 天下歸仁焉하나니 爲仁이 由己니 而由人乎哉

아 顔淵이 曰 請問其目하노이다 子曰 非禮勿視하며 非禮勿聽하며 非禮勿言하며 非禮勿動이니라 顔淵이 曰 回雖不敏이나 請事斯語矣로리이다

자해

* 극기복례위인(克己復禮爲仁) : 자기를 극복하고 예로 돌아가는 것이 인이다. 극기(克己) : 자신의 무절제한 욕망을 억제하다. 복례(復禮) : 언행이 예(禮)에 맞는 상태로 복귀하다. 이런 상태가 바로 정상적이고 원래적인 모습이며, 개인적인 욕망에 사로잡혀 있는 상태는 비정상적이고 변질된 모습이라는 인식이 전제되어 있다. 위(爲) : 이다.
* 천하귀인언(天下歸仁焉) : 천하가 인을 허여할 것이다. 귀(歸) : 허여함, 인정함. 언(焉) : 어시(於是)와 같으며 시(是)는 일일극기복례(一日克己復禮)한 사람을 가리킨다. 인(仁) : 본심의 온전한 덕(德).
* 극(克) : 이김. 기(己) : 일신(一身)의 사욕(私慾). 복(復) : 돌아감. 예(禮) : 천리(天理)의 절문(節文).
* 위인유기이유인호재(爲仁由己而由人乎哉) : 인을 행하는 것은 자기로 말미암는 것이지 남으로 말미암는 것이겠는가. 위인(爲仁) : 그 마음의 덕을 온전히 하는 것. 유(由) : ~로 말미암다, ~에 달려 있다.
* 청문기목(請問其目) : 청컨대 그 조목을 묻다. 청(請) : '청컨대, 부디, 모쪼록'이라는 뜻의 부사. 상대방 동작에 대한 존경의 뜻을 표시한다. 목(目) : 조목(條目).
* 비례물동(非禮勿動) : 예가 아니면 움직이지 말라. 물(勿) : 금지를 표시

하는 부사.

* 청사사어의(請事斯語矣) : 청컨대 이 말씀에 종사하다. 사(事) : 일삼다, 종사하다, 힘쓰다. 의(矣) : 단정적인 어기를 표시하는 어기조사.

해영

마음의 온전한 덕(德)은 역시 하늘에 근거하는 것이지만, 자칫하면 자신의 사사로운 욕심에 의해 무너질 수도 있다. 때문에 인(仁)을 행하는 사람은 반드시 자신의 사적 감정을 철저히 제어하여 하늘의 이치에 부합하는 행동을 해야 한다. 안연이 '예'의 조목을 묻자, '예'가 아니면 보지도, 듣지도, 말하지도, 움직이지도 말라고 한 것은 이러한 이유 때문이다.

공자가 자신의 사사로운 욕심을 이겨 '예'의 세상으로 돌아가고자 했던 궁극적인 나라는 역시 주(周)나라였지만 시대가 어찌되었든 자신의 사욕을 이긴다는 점에 방점을 찍어둘 만하다. '예'는 주지하듯, 현상적으로는 '남을 위한 것'처럼 여겨지지만, 본질적으로는 남을 배려하는 만큼 그대로 돌아온다는 점에 비춰보면 결국 자기 자신을 위한 것이기도 하다.

자기의 사사로운 욕심을 제거하는 연습부터 해야 한다. 하루를 이겨내고 또 하루를 이겨내다 보면 얼마 지나지 않아 그 효험이 나타난다. '인'을 행하는 것이라도 반드시 '예'로써 그것을 시행한다면 효험이 나타나지 않을 수 없는 것이다. 그러므로 '인'의 현상인 '예'를 행하는 데도 내공(內功)은 반드시 필요하다. 내공이 쌓여야 '예'의 기반을 구축할 수 있다.

공자

중궁[51]이 '인'에 대하여 묻자, 공자가 이르기를, "문을 나갔을 때에는 큰 손님을 뵌 듯이 하며, 백성에게 일을 시킬 때에는 큰 제사를 받들 듯이 하고, 자기가 하고자 하지 않는 것을 남에게 베풀지 말아야 하니, 이렇게 하면 나라에 있어도 원망함이 없으며, 집안에 있어도 원망함이 없을 것이다." 중궁이 말하길, "제가 비록 민첩하지 못하지만 청컨대 이 말씀을 일삼겠습니다."

원문

仲弓이 問仁한대 子曰 出門如見大賓하며 使民如承大祭하고 己所不欲을 勿施於人이니 在邦無怨하며 在家無怨이니라 仲弓이 曰 雍雖不敏이나 請事斯語矣로리이다

자해

* 기소불욕(己所不欲) : 자기가 바라지 않는 바. 자기가 하고자 하지 않는 것.
* 물시어인(勿施於人) : 다른 사람에게 가하지 말라. 남에게 베풀지 말라.

51) 공자의 제자다. 자(字)는 염옹(冉雍)이고, 이름은 중궁(仲弓)이다.

시(施) : 베풀다, 가하다.

* 재방무원(在邦無怨) : 나라에서(공무를 처리함에 있어서) 원망이 없다.

해영

사람이 문(門)을 나서는 것은 흔한 일이다. 하지만 나설 때마다 큰 손님을 보는 것처럼 하기는 쉽지 않다. 지도자는 눈만 뜨면 민중을 생각한다. 그러나 민중을 생각할 때마다 큰 손님을 맞이하듯 하기란 역시 쉽지 않다. 아주 소홀히 하기 쉬운 사례들이다. 그렇지만 지도자는 이러한 자세에서 벗어나지 않으면 곤란하다. 항상 민중을 다스리는 데에 골몰해야 하는 동시에, 민중 공경하기를 마치 큰 제사를 받들 듯 정성을 다해야 한다. 또한 역지사지하는 마음으로 자신이 하고 싶지 않은 일을 민중에게 부과해서도 안 된다.

모두가 '인'을 구현하기 위해 필요한 덕목들이다. 이를테면 편안한 삶을 구가하기 위해 만들어낸 수단인 셈이다. 때문에 부유하고 오래도록 살고 싶은 심정은 누구나 바라는 바이지만, 반대로 가난하고 괴롭게 사는 것은 싫어한다. 인지상정인 것이다. 따라서 자기가 하고 싶은 것은 남과 같이하되, 하기 싫은 것을 베풀어서는 곤란하다. 이러한 사람들이 점차 증가하면 사람 간의 관계성이 회복되고 남을 원망하는 소리가 잦아들 수 있다. 이를 위해서도 내공(內功)을 쌓아야 한다. 내공이 쌓여야 '인'과 '예'의 효험을 볼 수 있다.

| 정치의 생명은 신뢰 |

공자

자공이 정치에 대하여 묻자, 공자가 이르기를, "먹을 것을 풍족히 하고, 병력을 풍족히 하면 백성들이 믿을 것이다." 자공이 말하길, "반드시 부득이해서 버린다면 이 세 가지 중에 무엇을 먼저 버려야 합니까?" 공자가 이르기를, "병력을 버려야 한다." 자공이 말하길, "반드시 부득이해서 버린다면 이 두 가지 중에 무엇을 버려야 합니까?" 공자가 이르기를, "먹을 것을 버려야 하니, 예로부터 누구나 다 죽지만, 백성들이 믿어주지 않으면 설 수 없는 것이다."

원문

子貢이 問政한대 子曰 足食足兵이면 民信之矣리라 子貢이 曰 必不得已而去인댄 於斯三者에 何先이리잇고 曰 去兵이니라 子貢이 曰 必不得已而去인댄 於斯二者에 何先이리잇고 曰 去食이니 自古皆有死어니와 民無信不立이니라

자해

* 민신지의(民信之矣) : 백성들이 믿다. 신(信) : 믿게 하다. 일반 타동사가 사역동사로 전용된 것. 지(之) : 민(民)을 가리키는 인칭대사. 효과를 강

조하기 위해 '민'을 앞으로 내세우고 그 자리에 다시 인칭대사를 쓴 것이다. 의(矣) : 단정적인 어기를 표시하는 어기조사.

* 어사삼자하선(於斯三者何先) : 이 세 가지 중에 어느 것을 앞세우는가. 하선(何先) : 의문문에서 대사 목적어와 동사가 도치된 것. 선(先)은 그 다음에 거(去)가 있으면 부사어가 되겠지만, '거'가 생략됨으로써 동사 역할을 하고 있다.

해영

제자인 자공이 정치하는 도를 묻자 공자는 '먹을 것'을 풍족히 하고, '병력'을 풍족히 하면 백성들이 '신뢰'할 것이라 했다. 먹는 것이 부족하면 민중이 생업에 종사하더라도 제대로 된 세금을 낼 수가 없어 결국 정치하는 도가 아니라 보았고, 병력이 부족하면 국방이 불안해져 편안한 삶을 영위하기 어려워 정치의 도가 아니라고 보았으며, 신뢰가 없으면 민중을 교화할 수도 없을뿐더러 풍속 또한 쇠퇴해져 갈등이 상존함으로써 종국에는 나라가 존립할 수 없어 정치의 도가 아니라고 본 것이다. 민중의 신뢰가 존재해야 풍속을 가지런히 할 수 있다는 점에서 중시하지 않을 수 없는 것이다.

정치의 도는 예나 지금이나 민중을 위하는데 있다. 민중을 위한다는 것은 잘 먹고 잘살게 하는 게 핵심이다. 이를 위해서는 경제정책과 국방정책이 튼실해야 한다. 먹고 사는 문제와 국방이 튼실하면 몸과 마음을 편안하게 할 수 있다. 하지만 민중의 신뢰가 담보되지 않으면 이 또한 허상에 불과하다. 그 어떤 우수한 경제정책이나 국방정책이 있다 해도 사상누각이 될 수밖에 없기 때문이다. 정치하는 사람이 신뢰를 중시하는 것은 이러한 이유 때문이다. 경제와 국방을 안정시켜 신뢰를 담보하는 것도 공직자의 몫이다. 이를 위해 내공(內功)은 필수다. 내공이 쌓여야 민중을 이끌 수 있다.

| 정명론 |

공자

제나라 경공[52]이 공자에게 정치에 대하여 묻자, 공자가 답하기를, "임금은 임금답고, 신하는 신하다우며, 아버지는 아버지답고, 자식은 자식다운 것입니다."

원문

齊景公이 問政於孔子한대 孔子對曰 君君臣臣父父子子니이다

자해

* 군군(君君) : 임금이 임금답다. 뒤의 군(君)은 명사가 형용사로 전용된

52) 제 경공(齊景公) : 기원전 547년부터 490년까지 재위했던 제나라의 임금. 성은 강(姜), 이름은 저구(杵臼). 위의 이른바 '정명론'은 공자가 고국인 노나라의 내란을 피해 제나라로 갔을 때 그와 나누던 이야기의 하나다.

것으로 술어이다. 고대 중국어에 있어서는 이처럼 명사가 형용사로 전용되기도 했다.

해영

나라가 혼란해지는 원인은 다양하다. 그 다양한 원인 가운데 하나는 이름에 부합되지 않는 행위들이다. 요컨대 지도자가 지도자답지 못하고, 관리자가 관리자답지 못하며, 아비가 아비답지 못하고, 자식이 자식답지 못하면 혼란의 이유가 될 수 있고, 선생이 선생답지 못하고 학생이 학생답지 못한 것도 역시 혼란한 이유가 될 수 있다.

공직사회도 마찬가지다. 대통령이 대통령답지 못하면 국정이 혼란해지고, 시장이 시장답지 못하면 시정이 혼란해지며, 도지사가 도지사답지 못하면 도정이 혼란해진다. 물론 공직자가 공직자답지 못해도 혼란해질 수밖에 없음은 말할 것도 없다. 이름에 부합되는 행위를 위해서라도 내공(內功)을 쌓아야 한다. 혼란을 줄일 수 있는 첩경이다.

| 송사 없는 사회 |

공자

공자가 이르기를, "송사를 결단함은 나도 남과 같으나 반드시 송사가 없게 하겠다."

원문

子曰 聽訟이 吾猶人也나 必也使無訟乎인저

자해

* 필야사무송호(必也使無訟乎) : 반드시 송사가 없게 하다. 야(也) : 음절을 조정하고 어기를 고르는 어기조사. 사(使) : 뒤에 목적어로서 '우리'에 해당하는 인칭대사가 생략되어 있다. 호(乎) : 단정적인 어기를 표시하는 어기조사.

해영

공직에 있는 사람이 민중의 송사(訟事)를 취급하는 것은 지극히 당연한 일이다. 옳음과 그름을 결단하는 일이야 말로 공변되고 밝은 것이다. 이러한 일에는 공자도 뜻을 같이 했다. 그러나 그는 더 본질적으로 송사 자체를 없애는 일로 보았다. 가령 사람이 살아가는 도를 밝혀 민중으로 하여금 감화되게 하면 송사 따위는 사라질 것으로 이해한 것이다.

송사는 밝은 덕, 즉 명덕(明德)을 쌓기 위한 다툼보다는 서로가 사적인 이익을 차지하기 위해 다투다 발생되는 경우가 다반사다. 송사가 없는 사회야 말로 양질의 사회다. 덕(德)으로 인도하여 예(禮)가 가지런해지도록 해야 한다. 덕으로 인도하여 예가 바로 설 수 있도록 하는 데도 내공(內功)이 필요하다. 내공이 흘러 넘쳐야 송사 자체를 줄일 수 있다.

| 선함과 악함 |

공자

공자가 이르기를, "군자는 남의 아름다운 점을 이루어 주고, 남의 나쁜 점을 이루어 주지 않지만, 소인은 이와 반대이다."

원문

子曰 君子는 成人之美하고 不成人之惡하나니 小人은 反是니라

자해

* 성(成) : 이끌어 주고 권장하여 그 일을 이루는 것.
* 소인반시(小人反是) : 소인은 이에 반하다.

해영

군자는 마음 쓰는 것이 소인과 다르다. 기본적으로 남들에게 도움이 되도록 하는 선한 마음을 지니고 있다. 때문에 남들의 선한 일을 보면 그 일이 이루어지기 전이라도 일이 이루어지도록 인도하고, 일이 이루어지면 칭찬한다. 또 선한 일을 지속할 수 있는 환경을 조성해 주는가 하면, 일이 성취되도록 도와준다. 반대로 선하지 않은 일을 하면 징계하여 바르게 해서 더 이상 악한 쪽으로 가지 않도록 막는다.

소인은 군자의 행동과 반대로 한다. 마음 쓰는 것이 각박하고 좋아하는 것이 악한 데 있다. 유유상종한다고 동류의 사람들끼리 영합하다 보니, 악순환의 고리가 끊이지 않는다. 선한 일을 시기하고 훼방 놓는 것을 자랑한다. 군자는 함께 '군자'되기를 소원하지만, 소인은 함께 '소인'되기를 선호한다. 공직자는 예로부터 군자로 불렸다. 내공(內功)을 쌓아야 하는 이유다. 내공이 쌓여야 소인을 변화시킬 수 있다.

| 솔선수범 |

공자

계강자[53]가 공자에게 정치에 대해 묻자, 공자가 이르기를, "정치란 바르게 하는 것이니, 그대가 바름으로써 솔선수범한다면 누가 감히 바르지 않겠는가?"

원문

季康子가 問政於孔子한대 孔子對曰 政者는 正也니
子帥以正이면 孰敢不正이리오

53) 노나라 중엽부터 대부가 정치를 담당함으로써 혼란에 빠져 바른 정치가 행해지지 않았다. 이를 바로 잡기 위해 공자는 당시 대부였던 계강자에게 충고한 것이다.

자해

* 자솔이정(子帥以正) : 그대가 바름으로써 이끌다. 자(子) : 그대, 선생, 당신. 이인칭대사. 솔(帥) : 이끌다. 솔선수범하다. 본을 보이다.

해영

기본적으로 동양의 정치관(政治觀)은 민본(民本)에 있다. 민본을 바로 하기 위해서는 수기안인(修己安人), 즉 자신을 먼저 수련한 이후에 민중을 편안하게 해야 한다. 때문에 지도자에게는 솔선수범(率先垂範)을 무엇보다 중요한 덕목으로 여긴다. 가령 지도자가 솔선수범하는데 선(善)을 버리고 악(惡)을 택할 민중은 없기 때문이다. 아울러 민중은 지도자들의 의식수준을 그대로 따르기 때문에 교화(敎化)의 첫걸음은 바로 '솔선수범'에서 비롯되는 것임을 알 수 있다.

조선왕조는 성리학을 국학으로 삼고, 그 이념을 국시로 채택한 나라다. 국가의 기본정책은 패도가 아닌 왕도를 지향하였고, 법치보다는 덕치를 우선 하였다. 왕도와 덕치는 지도자의 솔선수범을 기초로 하는 만큼, 법의 강제적 남용을 억제하고 인간의 자율성을 제고하기 위해 '교화'를 통한 인간화 작업을 중시하는 특징이 있다. 연장선상에 있는 오늘날의 공직사회에서도 그 맥이 이어져 오고 있음은 말할 것도 없다. 지도자들이 내공(內功)을 쌓아야 하는 이유다.

| 덕의 정치 |

공자

계강자가 공자에게 정치에 대하여 물었다. "만일 무도한 자를 죽여서 도가 있는 데로 나아가게 하면 어떻습니까?" 공자가 이르기를, "그대가 정치를 하면서 어찌 죽이는 일을 하겠는가? 그대가 선을 하고자 하면 백성들은 선해지는 것이니, 군자의 덕은 바람이요, 소인의 덕은 풀이다. 풀 위에 바람이 가해지면 풀은 반드시 눕는다."

원문

季康子가 問政於孔子曰 如殺無道하야 以就有道인댄 何如하니잇고 孔子對曰 子爲政에 焉用殺이리오 子欲善이면 而民이 善矣리니 君子之德은 風이요 小人之德은 草라 草上之風이면 必偃하나니라

자해

* 자욕선이민선의(子欲善而民善矣) : 그대가 선하고자 하면 백성들도 선해진다. 이(而) : ~하면 곧. 조건에 따른 결과를 표시하는 접속사. 즉(則)과 같다. 의(矣) : ~하게 되다. 상황의 변화나 새로운 상황의 출현을 표시하는 어기조사.
* 상(上) : 가하다, 더하다. 상(尙)과 같다. 상(尙)으로 된 판본도 존재한다. 지(之) : 초(草)를 가리키는 인칭대사. 언(偃) : 넘어지다, 쓰러지다.

해영

무도한 사람을 죽여 본보기로 삼겠다는 생각은 오직 형벌로써 민중을 다스리겠다는 수준 낮은 발상이다. 공자가 언급한 것처럼 지도자가 솔선수범하면 민중은 강압하지 않아도 저절로 따른다. 민중이 선하게 움직이고 선하지 않게 움직이는 것이 모두 지도자의 행태에 달려있는 것이다. 그러므로 지도자가 선한 곳으로 향하면 민중들은 말하지 않아도 선한 쪽을 택하고, 반대로 하면 강제해도 결코 따르지 않는 법이다.

대체로 군자는 지위가 있어 인도하기가 쉽다. 그러나 소인은 지위가 낮은 경우가 많아 다루기 쉽지 않다. 이 때문에 군자는 그 덕의 감화하는 것이 바람과 같고, 소인은 그 덕에 응하기 때문에 풀과 같다고 한 것이다. 군자가 덕을 베풀면 은택을 입은 소인은 순종할 수밖에 없다. 덕을 앞세우는 이유가 여기에 있다. 즉 덕으로써 형벌을 대체하는 데에도 내공(內功)을 필요로 한다. 내공이 쌓여야 바람이 될 수 있다.

| 소문과 통달 |

공자

자장이 물었다. "선비가 어떠하여야 통달한 사람이라 이를 수 있습니까?" 공자가 이르기를, "무엇인가? 네가 말하는 통달한 사람이란 것이." 자장이 대답하였다. "나라에 있어도 반드시 소문이 나며, 집안에 있어도 반드시 소문이 나는 것입니다." 공자가 이르기를, "그것은 소문난 사람이지 통달한 사람은 아니다. 통달한 사람이란, 질박하며 정직하고 의를 좋아하며, 남의 말을 살피고 얼굴빛을 보아 생각해서 몸을 낮추는 것이니, 나라에 있어서도 반드시 통달하며, 집안에 있어서도 반드시 통달하게 되는 것이다."

원문

子張이 問 士何如라야 斯可謂之達矣니잇고 子曰 何哉오 爾所謂達者여 子張이 對曰 在邦必聞하며 在家必聞이니다 子曰 是는 聞也라 非達也니라 夫達也者는 質直而好義하며 察言而觀色하야 慮以下人하나니 在邦必達하며 在家必達이니라

자해

* 사하여사가위지달의(士何如斯可謂之達矣) : 선비는 어떠하여야 통달한 사람이라 할 수 있는가. 사(斯) : ~하면 그제야. 조건에 따른 결과를 표시하는 접속사. 달(達) : 덕이 남에게 믿어져서 행함에 얻지 못함이 없음. 의(矣) : 의문의 어기를 표시하는 어기조사.
* 하재이소위달자(何哉爾所謂達者) : 무엇인가? 네가 말하는 통달한 사람이란 것이.
* 이소위달자(爾所謂達者)와 하재(何哉)가 도치된 것. 이(爾) : 이인칭대사.
* 재가필문(在家必聞) : 대부의 식읍에서 일을 할 때 반드시 그 이름이 소

문나다. 문(聞) : 명예가 드러남. 가(家) : 개인의 집을 말하는 것이 아니라 대부(大夫)의 식읍을 가리킨다.

* 부달야자(夫達也者) : 통달이라고 하는 것. 부(夫) : 문장의 첫머리에서 이야기를 이끌어내기 위하여 청자의 주의를 환기시키는 작용을 하는 어기조사. 야자(也者) : 음절을 조정하고 어기를 고르는 어기조사.
* 여이하인(慮以下人) : 생각해서 다른 사람에게 낮추다. 이(以) : 동작의 대상을 표시하는 전치사, 직접목적어를 표시한다. 하(下) : 자신을 낮추다, 겸하하다, 겸양하다.

해영

세상에는 소문과 통달을 혼동하는 수가 많다. 소문은 평소 얼굴빛을 잘 꾸며 인(仁)을 취하는 척하면서 드러내기를 잘하여 마치 군자와 흡사하지만 그 행하는 짓을 관찰하면 소문에 불과함을 알 수 있다. 또 스스로 옳다는 것에 마취되어 꺼리는 바가 없고 거처함에도 의심을 품지 않는다. 결과적으로 이름 구하기에만 애쓴 결과다.

그러나 통달이란 남이 알아주는 데 마음을 두지 않고, 마음 자체에 충신(忠信)을 둔다. 정직하여 편벽됨이 없을 뿐 아니라 옳은 것을 선호하고 행하는 일이 늘 이치에 합당하여 나라의 일을 무난하게 수행할 수 있다. 이는 평소의 덕(德)을 갈고 닦은 결과다. 소문과 통달을 정확히 인식하여야 한다. 내공(內功)을 쌓아야 하는 이유다.

| 충고 |

공자

자공이 벗에 대하여 묻자, 공자가 이르기를, "진심으로 말해주고 잘 인도하다가 안 되면 그만 두어서 스스로를 욕되게 하지 말아야 한다."

원문

子貢이 問友한대 子曰 忠告而善道之호되 不可則止하야 無自辱焉이니라

자해

* 선도(善道) : 잘 이끌다. 도(道) : 인도하다. 도(導)와 같다.
* 무자욕언(無自辱焉) : 스스로 욕되게 하지 말라. 무(無) : 금지를 표시하는 부사. 무(毋)와 같다. 언(焉) : 어시(於是)와 같으며 어(於)는 원인, 근거를 표시하는 전치사이고, 시(是)는 '충고이선도지(忠告而善道之)'를 가리키는 지시대사이다.

해영

벗이란 인(仁)을 돕는 사람을 가리킨다. 가령 선한 것은 권하고, 과실은 바로 잡도록 해주는 사람이다. 그러나 선한 것은 권하고 과실은 바로 잡도록 하는 데도 받아들이는 사람의 태도를 살펴야 한다. 아무리 선의

라 해도 받아들일 자세가 되어 있지 않은 사람에게는 자칫 오해를 불러 오히려 사이가 벌어져 낭패가 될 수도 있기 때문이다.

벗을 사귀는 데는 마땅히 성실을 무기로 삼아야 한다. 성실이 담보되지 않으면 '인'을 도울 수 없을뿐더러 벗의 충고 또한 원만하게 소화시킬 수 없다. 지도자에게도 간언(諫言)이 받아들여지지 않으면 떠나듯, 충고를 해주어도 받아들이지 않으면 그치는 게 낫다. 충고도 내공(內功)이 필요하다. 내공이 쌓여야 진실한 벗과 어울릴 수 있다.

자로
(子路)

| 정치의 근본 |

공자

자로가 정치에 대하여 묻자, 공자가 이르기를, "솔선할 것이며 부지런히 해야 한다." 더 자세히 말씀해 주시길 청하자, "게을리 하지 말아야 한다."

원문

子路가 問政한대 子曰 先之하고 勞之니라 請益한대 曰 無倦이니라

자해

* 선지로지(先之勞之) : 솔선할 것이며 부지런해야 한다. 그들에 앞장서고 나서 수고롭게 하다. 로(勞) : 수고롭게 하다, 일을 시키다. 지(之) : 둘 다 일반적인 백성을 가리킨다.

* 무권(無倦) : 게을리 하지 말라.

* 선지로지(先之勞之)의 원칙을 지속적으로 지켜 나가야 함을 뜻한다.

해역

정치의 도는 자신의 마음가짐으로부터 출발하여 민중으로 확대되는 특성이 있다. 즉 정치란 민중이 행하기 이전 선행해야 하는 것이다. 가령 민중으로 하여금 부모를 부모로 섬기게 하려면 자신부터 솔선하여 부모를 섬기고, 부모를 공경하게 하려면 자신부터 부모를 공경하는 모습을 보여야 한다. 사람으로서 마땅히 행해야 할 기본적인 행위라도 자연스럽게 입에서 입으로 퍼져나가면 결국 민중들이 따라하지 않을 수 없는 것이다.

아울러 민중으로 하여금 부지런히 움직이게 하려면 자신부터 앞장서서 부지런히 움직여야 한다. 민중은 지도자의 이러한 모습을 본받아 역시 부지런해지지 않을 수 없다. 정치가 자신의 몸에서 비롯된다고 하는 말은 이러한 구조적 정서 때문이다. 이는 공직의 정서에도 그대로 적용된다. 국정이 되었든 도정이 되었든 모두가 구성원의 의지에 따라 민중과 호흡할 수 있기 때문에 솔선수범은 무엇보다 중요한 가치라 아니할 수 없다.

가령 기관의 장이 사업을 착수했음에도 솔선하지 않고 부지런히 움직이지 않는다면 완수할 수 없다. 철저히 기획 단계부터 솔선하는 모습을 보여야 구성원도 팔을 걷어 부치고 참여한다. 기관장과 구성원이 하나가 될 때 일이 성취됨은 말할 것도 없다. 구성원의 게으름 또한 기관장의 행태를 반영한다는 점에서도 돌아봐야 한다. 이를 위해서도 내공(內功)은 필수다. 내공의 힘이 흘러 넘쳐야 솔선과 노고를 마다하지 않을 수 있다.

| 정명(正名) |

공자

자로가 말하였다. "위나라 임금[54]이 선생님을 맞이하여 정치를 하려고 합니다. 선생님께서는 장차 무엇을 먼저 하시렵니까?" 공자가 이르기를, "반드시 이름을 바로잡겠다." 자로가 말하였다. "이러하십니다! 선생님이 실정을 모르시는 것이! 어떻게 바로 잡으려 하십니까?" 공자가 이르기를, "촌스럽구나! 유(由)여! 군자는 자기가 알지 못하는 것에 대하여서는 말하지 않는 것이다. 이름이 바르지 못하면 말이 순조롭지 못하고, 말이 순조롭지 못하면 일이 이루어지지 못하고, 일이 이루어지지 못하면 예악이 일어나지 못하고, 예악이 일어나지 못하면 형벌이 알맞지 못하고, 형벌이 알맞지 못하면 백성들이 손발을 둘 곳이 없어진다. 그러므로 군자가 이름을 붙이면 반드시 말할 수 있으며, 말할 수 있으면 반드시 행할 수 있는 것이니, 군자는 그 말에 구차함이 없을 뿐이다."

54) 위나라 임금 출공(出公)을 가리킨다. 그의 조부인 영공(靈公)이 죽었을 때, 영공에게 쫓겨난 아버지 괴외(蒯聵)를 불러들이지 않고 자신이 왕위에 올랐기 때문에 공자는 이것을 명분에 어긋난 짓으로 보았다.

원문

子路曰 衛君이 待子而爲政하나니 子將奚先이시리잇고 子曰 必也正名乎인저 子路曰 有是哉라 子之迂也여 奚其正이시리잇고 子曰 野哉라 由也여 君子於其所不知에 蓋闕如也니라 名不正則言不順하고 言不順則事不成하고 事不成則禮樂이 不興하고 禮樂이 不興則刑罰이 不中하고 刑罰이 不中則民無所措手足이니라 故로 君子名之인댄 必可言也며 言之인댄 必可行也니 君子於其言에 無所苟而已矣니라

자해

* 위군대자이위정(衛君待子而爲政) : 위나라 임금이 선생에 의지하여 정치를 하다. 대(待) : '기다리다'라는 뜻이 변하여 '의지하다'라는 뜻이 되었다.
* 자장해선(子將奚先) : 선생은 장차 무엇을 앞세우는가.
* 해선(奚先) : 의문대사 목적어와 동사가 도치된 것.
* 필야정명호(必也正名乎) : 반드시 이름을 바로잡다. 야(也) : 음절을 조정하고 어기를 고르는 어기조사. 정(正) : 바르게 하다. 형용사가 사역동사로 전용된 것. 호(乎) : 단정적인 어기를 표시하는 어기조사.
* 유시재(有是哉) : 이런 정도로구나.
* 자지우야(子之迂也) : 선생의 우원(迂遠)함이여. 야(也) : 감탄의 어기를 표시하는 어기조사.

* 해기정(奚其正) : 어떻게(명분을) 바로 잡는가? 기(其) : 음절을 조정하고 어세를 강하게 하는 어기조사. 정(正) : 다음에 명(名) 또는 그것을 가리키는 인칭대사가 생략되어 있다.
* 궐여(闕如) : 결여하다, 빠뜨리다.
* 형벌부중(刑罰不中) : 형벌이 알맞지 않다. 중(中) : 알맞다.
* 무소구이이의(無所苟而已矣) : 구차함이 없을 뿐이다. 구(苟) : 미봉책을 써서 일시적으로 넘어가다. 이의(已矣) : 단정적인 어기를 표시하는 어기조사.

해영

정명(正名)의 구체적 논의를 확인할 수 있는 부분이다. 가령 정치라는 게 인륜을 바르게 하는 것보다 큰 것이 없다는 것을 상정하면 당연히 조부와 손자 또한 실상에 맞게 움직여야 한다. 또한 일마다 어긋나 다툼이 발생하면 조화가 깨져 예악 또한 위태로움에서 벗어나기 어려워진다. 예악이 붕괴되면 선한 사람과 악한 사람의 형벌이 가려지지 않아 사회의 기능이 순조롭지 않아 결국 손발을 제대로 둘 수 없는 지경이 될 수 있는 것이다.

이 때문에 군자가 정치를 하면, '이름을 중시'하지 않을 수 없는 것이다. 이름이 바르지 않으면 말이 순조롭지 못하게 됨을 알기 때문에 이름을 지으면 반드시 그 이름에 부합되도록 하는 것이다. 만일 말하지 못할 정도로 사정이 딱하게 될 것 같으면 애초부터 이름을 짓지 않는다. 말이 순조롭지 못하면 일 또한 이루어질 가능성이 없기 때문에 말이 순조롭도록 돕는 것이다. 행해지지 못할 것 같으면 애초부터 이름을 짓지 않는 것이다.

군자가 이름을 강구하는 것은 실상에 마땅함을 구하기 위해서다. 애초부터 구차한 바가 없게 하기 위함인 것이다. 역으로 이름 때문에 구차함이 생기면 처음부터 이름을 짓지 않는 것보다 못하기 때문에 신중하지 않을 수 없는 것이다. 행정, 사법, 입법 각부의 구성원들은 그 이름에 걸맞게 움직여야 한다. 존재의 기반이자 존립의 근거이기 때문이다. 이를 위해서도 내공(內功)은 필수다. 내공이 쌓여야 이름에 부합되는 일을 할 수 있다.

| 왕도의 추구 |

공자

공자가 위나라에 가실 때에 염유가 수레를 몰았다. 공자가 이르기를, "백성들이 많기도 하구나!" 염유가 말하였다. "이미 백성들이 많으면 또 무엇을 더 하여야 합니까?" 공자가 이르기를, "부유하게 해 주어야 한다." 말하기를, "이미 부유해지면 또 무엇을 더 하여야 합니까?" 하자, 이르기를, "가르쳐야 한다."

원문

子適衛하실새 冉有僕이러니 子曰 庶矣哉라 冉有曰 旣庶矣어든 又何加焉이리잇고 曰 富之니라 曰 旣富矣어든 又何加焉이리잇고 曰 敎之니라

자해

* 염유복(冉有僕) : 염유가 수레를 몰다. 복(僕) : 수레를 모는 것. '마부'라는 뜻의 명사가 '마부노릇을 하다'라는 뜻의 동사로 전용된 것이다.
* 기서의(旣庶矣) : 이미 많게 되다. 의(矣) : ~하게 되다. 상황의 변화나 새로운 상황의 출현을 표시하는 어기조사.
* 우하가언(又何加焉) : 또 무엇을 더하는가. 하가(何加) : 대사 목적어와 동사가 도치된 것. 언(焉) : 어시(於是)와 같다.
* 부지(富之) : 부유하게 하다. 부(富) : 형용사가 사역동사로 전용된 것. 지(之) : '이미 많아지게 된 사람'을 가리킨다.

해영

정치의 근본 목적 가운데 두 가지 요소가 있다. 하나는 도덕의 확립이고, 다른 하나는 경제다. 도덕은 정신적 삶을 풍요롭게 하고, 경제는 물질, 즉 육체를 풍요롭게 한다. 두 가치가 모두 중요하지만 보다 중요하기로 따진다면 도덕을 확립하는 일이다. 그러나 현실에서 경제를 더 우선하는 것은, 군자는 가난해도 도덕을 지킬 수 있는 마음이 존재하지만 소

인은 가난하면 도덕을 배척하기 때문에 육체적 삶, 즉 경제를 중시하는 것이다.

따라서 도덕을 먼저 확립하는 것이 옳은 방법이지만, 민중들의 호구(糊口)를 위해 경제에 더 집중하는 것이다. 결국 가르치기 위해 잘 먹고 잘 살게 하는 것이다. 가령 잘 먹고 잘 살게 하기 위해서는 토지와 주택 등을 기본으로 보유할 수 있도록 해줘야 하고, 세금의 부담을 덜어주는 정책이 뒤따라야 한다. 이때가 되면 가르칠 수 있는 환경이 조성되는 것이다. 내공(內功)을 쌓아야 한다. 내공의 힘이 흘러 넘쳐야 도덕성을 확립할 수 있다.

| 선한 사람의 정치 |

공자

공자가 이르기를, "'선한 사람이 나라를 다스리기를 백 년 동안 하면 또한 잔인한 사람을 교화시키고 죽이는 일을 없앨 수 있다'라고 하니, 참으로 옳다! 이 말이여!"

원문

子曰 善人이 爲邦百年이면 亦可以勝殘去殺矣라 하니 誠哉라 是言也여

자해

* 위방(爲邦) : 나라를 다스리다. 위(爲) : 다스리다.

해영

공직생활을 하면서 가장 고통스러운 일을 꼽자면, 이른바 '악성 민원'을 대하는 일일 것이다. 상대의 입장은 아랑곳 하지 않고 오직 자신들의 입장만 헤아려 원(願)을 해소시켜주기만을 기대한다. 특히 지방자치시대가 꽃을 피우고 있는 요즘은 극성스러울 정도다. 민중의 보편적 정서를 고려할 때, 이해하지 못할 바도 아니지만 정도를 넘어선 악성 민원을 대하다 보면 소모성 시간도 문제이지만, 더 큰 난제는 그 만큼 선량한 민원을 해소할 수 없다는 점일 것이다. 악성 민원에 대한 특단의 대책이 필요한 이유가 여기에 있다.

군자가 소인을 챙겨주는 것은 당연하다. 그러나 공적으로 공정하게 직무를 집행할 수 있도록 하자면 악성 민원은 강력 배제해야 하지만, 현실에서는 그리 만만치 않은 게 사실이다. 더구나 대통령을 비롯해서 국회의원 심지어는 단체장도 선출직으로 하고 있는 현실에서 이들을 무시하기란 쉽지 않은 일이다. 사정이 이러함에도 혹 선하지 않은 이가 단체의 장으로 선출되면 악순환은 배가 되고도 남는다. 공직자가 민중을 위해 헌신하는 데에도 내공(內功)이 필요하다. 내공의 힘이 넘쳐야 악성 민원을 변화(變化)[55]시킬 수 있다.

55) 변화(變化)의 변(變)은 '자기부정'을 뜻하고, 화(化)는 '최상의 상태로의 지향'을 의미한다.

| 다스림의 공효 |

공자

공자가 이르기를, "만일 왕업을 이루는 자가 있다 하더라도 반드시 한 세대가 지난 뒤에야 '인'해질 것이다."

원문

子曰 如有王者라도 必世而後仁이니라

자해

* 여유왕자(如有王者) : 만일 왕자가 있다 하더라도. 여(如) : 양보관계를 표시하는 접속사. 왕자(王者) : 패자(覇者)에 대칭되는 말로 요임금이나 순임금처럼 왕도(王道)로써 천하를 다스리는 성왕(聖王)을 가리킨다.
* 필세이후인(必世而後仁) : 반드시 한 세대가 지난 뒤에야 인해진다. 세(世) : 세대. 30년을 한 세대라 한다. 이후(而後) : 이후(以後)와 같다.

해영

훌륭한 지도자가 출현한다 하더라도 갑자기 세상이 좋아지기는 쉽지 않다. 관성 때문이다. 천명(天命)을 받아 성스러운 마음으로 인(仁)한 정치, 즉 왕도정치(王道政治)를 펼쳐도 그 '교화'가 세상에서 통하려면 수없이 많은 시간이 필요하다. 공자는 이를 한 세대, 즉 30년의 세월은 필요하다고 보았다. 세상의 정서가 이러한데, 패도(覇道)가 난무하고 있는 오늘날의 정치가 '인'해지기를 기대하는 것은, 어쩌면 요원한 일일 수도 있을 것이다.

지극히 '인'한 마음의 소유자가 나타나 왕도정치를 행해도 한 세대가 지나야 '인'한 세상이 도래한다. 그러므로 하루아침에 '인'해지기를 바라는 것은 마치 우물에 가서 숭늉을 찾는 격일 것이다. 이러한 정서 때문에 지도자들은 부지런히 내공(內功)을 쌓았다. 도래하지 않아도 도래할 것을 기대하며 쌓기도 하고, 도래할 기미가 전혀 없는 경우는 직접 수련을 통해 지도자로 변신하는 것을 꾀한 것이다. 결국 사람과 시간이 해답이라 할 수 있다.

| 흥하고 망함 |

공자

정공[56]이 물었다. "한마디 말로 나라를 일으킬 것이라 하니, 그러한 것이 있습니까?" 공자가 이르기를, "말을 이와 같이 기약할 수는 없지만, 사람들 말에 '임금 노릇하기가 어려우며 신하 노릇하기가 쉽지 않다'고 하였으니, 만일 임금 노릇하기 어려움을 안다면 한마디 말로 나라를 일으키는 것을 기약할 수 없겠습니까?" 정공이 말하였다. "한마디 말로 나라

56) 정공(定公)은 노나라의 임금(재위 : B.C.509~B.C.494)이다.

를 잃을 것이라 하니, 그러한 것이 있습니까?" 공자가 이르기를, "말은 이와 같이 기약할 수는 없지만, 사람들 말에 '나는 임금 노릇을 하는데 다른 것은 즐겁지 않으니, 내 말을 따르기만 하고 나를 어기지 말라'고 하였으니, 만일 선한 말을 어기지 않는다면 좋지 않겠습니까? 만일 선하지 않은 말을 어기지 않는다면 한마디 말로 나라를 잃게 됨을 기약할 수 없겠습니까?"

원문

定公이 問 一言而可以興邦이라 하나니 有諸잇가 孔子對曰 言不可以若是其幾也어니와 人之言曰 爲君難하며 爲臣不易이라 하나니 如知爲君之難也인댄 不幾乎一言而興邦乎잇가 曰 一言而喪邦이라 하나니 有諸잇가 孔子對曰 言不可以若是其幾也어니와 人之言曰 予無樂乎爲君이요 唯其言而莫予違也라 하나니 如其善而莫之違也인댄 不亦善乎잇가 如不善而莫之違也인댄 不幾乎一言而喪邦乎잇가

자해

* 유저(有諸) : 그런 것이 있는가? 저(諸) : 지호(之乎)와 같으며 지(之)는 일언이가이흥방(一言而可以興邦)을 가리킨다.
* 기기야(其幾也) : 기약하다. 기(其) : 일언(一言)을 가리키는 인칭대사. 기(幾) : 기약하다. 야(也) : 음절을 조정하고 어기를 고르는 어기조사.

* 인지언(人之言) : 사람들의 말.
* 불기호일언이흥방호(不幾乎一言而興邦乎) : 한마디 말로 나라를 일으키는 것을 기약할 수 없겠는가. 기호(幾乎) : ~에 기약하다, 거의 ~하다.
* 유기언이막여위야(唯其言而莫予違也) : 내 말을 따르기만 하고 나를 어기지 말라. 막(莫) : 아무도 ~하지 말라. 여위(予違) : 대사 목적어와 동사가 도치된 것.

해영

과거 노무현 대통령 재임 시, "대통령 노릇 못해 먹겠다"고 하여 민중들로부터 거센 비판을 받은 적이 있다. '대통령 노릇 운운'에 대한 본말을 떠나서도 이 말은 결코 허언(虛言)이 아니다. 이를테면 국정의 일부만 책임지고 있는 사람들도 매사 부하(負荷)에 쩔쩔매는 게 공직인데, 하물며 국정 전반을 책임지는 지위에 있는 사람이야 말할 것도 없기 때문이다.

예로부터 지도자는 민중을 다스리는데 있어 책임이 크고 넓어 쉽지 않다고 하였다. 하지만 관료 또한 측근에서 다스림을 보필하는 것도 책임이 막중하여 쉽지 않다고 하였다. 때문에 지도자 노릇도 어렵지만, 관료 노릇도 만만치 않기는 마찬가지다. 그러므로 주어진 위치에서 직무를 수행할 경우에는 늘 전전긍긍하며 소홀하지 않는 자세가 중요한 것이다.

말조심해야 한다. 나라가 흥하고 망하는 것은 모두가 이런 말에서 비롯되는 수가 적지 않다. 따라서 공직자는 말을 함에 있어서 항상 신중을 기해야 한다. 예컨대 지도자가 민중에 대해 공경은커녕 경시하는 말을 하면 나라가 방탕해지는 것처럼, 늘 조심해야 한다. 말을 조심하는 데도 내공(內功)이 필요하다. 내공이 쌓여야 흥국(興國)에 일조할 수 있다.

| 정직함 |

공자

섭공[57]이 공자에게 말하였다. "우리 고을에 정직하게 행동하는 자가 있습니다. 그의 아버지가 양을 훔쳤는데, 아들이 그것을 증언하였습니다." 공자가 이르기를, "우리 고을의 정직한 자는 이와 다르다. 아버지는 자식을 위해 숨겨주고 자식은 아버지를 위해 숨겨주니, 정직함은 그 가운데 있는 것이다."

원문

葉公이 語孔子曰 吾黨에 有直躬者하니 其父攘羊이어늘 而子證之하니이다 孔子曰 吾黨之直者는 異於是하니 父爲子隱하며 子爲父隱하나니 直在其中矣니라

57) 섭공(葉公)은 지금의 하남성 섭현(葉縣) 남쪽 지역으로 당시 초나라에 속했던 섭 지방의 수장 심제량(沈諸梁)을 말한다.

자해

* 오당유직궁자(吾黨有直躬者) : 우리 고을에 정직하게 행동하는 사람이 있다. 당(黨) : 500가구가 사는 마을. 직궁(直躬) : 몸을 정직하게 행동하는 자.
* 양(攘) : 계기가 있어 훔치는 것.
* 이어시(異於是) : 이와 다르다. 어(於) : 비교의 대상을 표시하는 전치사.
* 직재기중의(直在其中矣) : 정직은 그 가운데 있다. 기(其) : 부위자은, 자위부은(父爲子隱, 子爲父隱)을 가리키는 인칭대사. 의(矣) : 필연의 결과를 표시하는 어기조사.

해영

공직자들이 갖춰야 할 기본적인 덕성 가운데 하나를 꼽으라면 '정직'이라 할 수 있다. 그러나 여기서의 정직이란 형법에서의 정직이 아닌 부자윤리(父子倫理)에서 비롯됨을 의미한다. 부자간의 윤리는 부모가 자식을, 자식이 부모를 먼저 위하는 마음이다. 마찬가지로 공직에서의 윤리 또한 구성원들 간의 윤리에서 벗어나지 않음을 의미할 수 있다.

가령 기관장의 직무수행에서 벌어지는 추호(秋毫)의 과실도 용인할 수 없는 구성원이라면 그 조직은 곧 경직될 것이고, 마찬가지로 구성원의 작은 실수도 용납하지 못하는 기관장이라면 역시 경직된 환경에서 벗어나지 못할 것이다. 부자간의 윤리를 무시하지 않아야 사회의 유연성이 확보 되듯, 공직사회도 구성원 간의 윤리가 깨지면 곤란해진다.

일각에서는 이러한 공직의 윤리를 비판하기도 한다. 공직은 법률에 따라 집행되는 곳인 만큼, 항상 엄격해야 한다는 주장이다. 하지만 이는 형정(刑政)만 알고 예악(禮樂)[58]의 기능은 몰라서 하는 소리다. 사회가 순기능을 할 때는 '예악'만으로도 충분히 작동을 하지만, 역기능이 존재할 때 '형정'이 불가피하다는 점에서 성찰이 요구되는 것이다.

우리의 정서, 유가(儒家)의 삶에서 벗어나지 않는다. 현행법에도 부모의 범죄 사실을 자식이 숨겨준다고 처벌하지 않듯, 자식의 범죄 사실을 부모가 숨겨준다고 하여 책임을 묻지 않는다. 세상사가 부자의 윤리로부터 출발하고 있음을 의미한다. 이러한 정서를 무시하지 않기 위해서라도 내공(內功)을 쌓아야 한다. 내공이 쌓여야 공직이 유연해진다.

| 중용 실천 |

공자

공자가 이르기를, "중용의 도를 실천하는 선비를 얻어 그와 함께 할 수 없다면 반드시 뜻이 큰 사람이나 뜻이 굳센 사람과 더불어 할 것이다. 뜻이 큰 사람은 적극적으로 나아가고 뜻이 굳센 사람은 하지 않는 바가 있다."

58) 대체로 내재적 수단의 통제조절 능력이 상실될 경우, 외재적 수단으로 바로잡아 나간다. 가령 내재적 수단의 수기(修己)와 외재적 수단인 치인(治人), 내재적 수단인 예악(禮樂)과 외재적 수단인 형정(刑政), 내재적 수단인 음식(飮食)과 외재적 수단인 약물(藥物), 인체의 다스림(治療)과 나라 다스림(治國)이 무관하지 않은 것이다.

원문

子曰 不得中行而與之인댄 必也狂狷乎인저 狂者는 進取요 狷者는 有所不爲也니라

자해

* 부득중행이흥지(不得中行而與之) : 중용의 도를 실천하는 사람을 얻어서 함께 하지 않다. 중행(中行) : 원래 '중도로 가다, 중용을 행하다'라는 의미인데, 여기서는 그렇게 하는 사람을 가리킨다. 여(與) : 함께 하다. 지(之) : 중행(中行)을 가리키는 인칭대사.
* 필야광견호(必也狂狷乎) : 반드시 뜻이 큰사람이나 뜻이 굳센 사람이리라. 광자(狂者) : 뜻은 지극히 높으나 행동이 말을 가리지 못하는 사람. 물불을 가리지 않고 자신의 생각대로 추진하는 이른바 열광적인 사람. 견자(狷者) : 지식은 이에 미치지 못하나 지킴(행동)은 유여(有餘)한 사람. 안목은 뛰어나지 않으나 성품이 강직하여 융통성이 없는 사람. 호(乎) : 단정적인 어기를 표시하는 어기조사.
* 유소불위(有所不爲) : 하지 않는 바가 있다. 해서는 안 될 일이라고 판단되면 그 일을 하지 않는다.

해역

'중용'은 예나 지금이나 화두다. 지나침과 부족함이 없는 형태를 의미한다. 그렇다고 1과 5의 중간인 3이 중용이라는 식의 산술적인 의미는 아니다. 가령 때와 장소, 목적에 따라 달리 해석되는 것이 중용이다. 예컨

대 몸집이 큰 사람은 작은 사람에 비해 비교적 더 많이 먹는 것이 중용이고, 굶주린 사람은 좀 더 많이 먹고 배부를 때엔 비교적 적게 먹는 것이 중용인 것이다.

다시 말하면 중용은 배고플 땐 좀 더 먹고 배부를 땐 좀 적게 먹는 게 중용이요, 재물이 넉넉할 땐 약자에게 좀 더 베풀고, 부족할 땐 아껴 쓰는 것이 중용의 미덕이다. 그럼에도 베풀어야 할 때 아끼고, 더 먹어야 할 때 굶주린다면 이는 반(反)중용일 따름이다. 한 성질 하듯 화를 내야 할 때 오히려 참고, 참아야 할 때 화를 내는 것 또한 반중용이 되는 것은 말할 것도 없다.

중용을 인사문화에 적용해 보자. 승진에 목말라 하는 직원에게는 보다 많은 관심을 부여하여 승진이 되도록 하는 것이 중용이고, 능력에 비해 지나치게 빨리 승진하거나 유력부서만 찾는 직원에게는 능력에 맞는 부서로 옮겨주는 것이 중용이다. 이는 능력이 부족한 인사가 유력부서만 전전하면 만용의 예가 되고, 능력이 출중함에도 한직에만 전전하면 반중용이 되기 때문이다.

쉽진 않지만 나아가야 할 때 나아가고 물러서야 할 때 물러서는 지혜가 중용이다. 그래서 중용은 죽어야 할 땐 죽지만, 살아야 할 땐 사는 게 중용이라 한 것이다. 역으로 살아야 할 때 죽거나, 죽어야 할 때 산다면 모두가 반중용이 되는 것이다. 진퇴생사가 모두 같지만 때에 맞춰 움직인다는 것은 결코 쉬운 일이 아닌 것이다. 그러므로 '중용의 도'가 중시되는 이유일 것이다.

또 중용은 때에 적중하는 삶이기도 하다. 때에 적중한다는 말은 흔히 볼 수 있는 불꽃놀이에 비유될 수 있다. 불꽃의 내용은 밤이나 낮이나 같지만 그 효과는 천양지차다. 내용은 같지만 효과 면에서 큰 차이를 보이듯, 때에 적중해야 명분과 실리를 얻을 수 있는 것이다. 불꽃을 쏘아 올리는 행위가 하찮은 일이긴 하지만 그 효과는 배가 되듯 때를 맞추는 지혜는 중요한 것이다.

공자가 중용의 도를 실천하는 사람에게 도를 전하겠다고 언급한 것은, 중용의 도를 행하기가 만만치 않다는 증거일 것이다. 만일 중용의 도를 전할 만한 인물이 나타나지 않는다면 뜻이 큰 이른바 광자(狂者)나 뜻이 굳센, 즉 견자(狷者)와 더불어 살겠다고 한 것은 의미가 심장한 말이다. 중용의 도를 위해서도 내공(內功)은 필수다. 최선이 아니면 차선을 취할 수 있기 때문이다.

| 군자와 소인의 차이 |

공자

공자가 이르기를, "군자는 조화를 이루고 뇌동(雷同)[59]하지 않으며, 소

59) 그 어떤 주관도 없이 그저 상대의 의견을 맹목적으로 좇음.

인은 뇌동하고 조화를 이루지 못한다."

원문

子曰 君子는 和而不同하고 小人은 同而不和니라

자해

* 소인동이불화(小人同而不和) : 소인은 뇌동하고 조화를 이루지 못한다. 화(和) : 거슬리고 비틀어진 마음이 없는 것. 동(同) : 아당(阿黨)하는 뜻이 있는 것.

해영

군자의 마음 씀씀이와 소인의 마음 씀씀이를 엿볼 수 있는 대목이다. 군자의 마음은 항상 주관을 가지고 있으면서도 공변되어 역지사지(易地思之)하는 마음으로 상대에게 거스름이 없어 조화를 이루게 된다. 그러나 소인의 마음은 늘 사사롭기 때문에 이익에 따라 시기하거나 각박함을 즐겨 동료와 조화롭게 거처하지 못하고 편당하는 것이다.

다시 말해 군자는 상대가 내 생각과 설사 다르더라도 화합을 위하여 자신의 주관을 견지하면서도 상대의 마음을 존중함으로써 조화를 이루지만, 소인은 대체로 이익을 주로하기 때문에 자신의 주관을 버리고 상대에게 동화되기 쉬운 것이다. '화이부동'하기 위해서도 내공(內功)을 쌓아야 한다. 내공의 힘이 흘러 넘쳐야 쉽게 화합할 수 있다.

| 군자와 소인의 행태 |

공자

공자가 이르기를, "군자는 섬기기는 쉬워도 기쁘게 하기는 어렵다. 기쁘게 하기를 도로써 하지 않으면 기뻐하지 않고, 사람을 부림에 있어서는 그릇에 따라 한다. 소인은 섬기기는 어려워도 기쁘게 하기는 쉽다. 기쁘게 하기를 비록 도에 맞게 하지 않더라도 기뻐하지만, 사람을 부림에 있어서는 다 갖출 것을 요구한다."

원문

子曰 君子는 易事而難說也니 說之不以道면 不說也오 及其使人也하얀 器之니라 小人은 難事而易說也니 說之雖不以道라도 說也오 及其使人也하얀 求備焉이니라

자해

* 군자이사이난열야(君子易事而難說也) : 군자는 섬기기는 쉬워도 기쁘게 하기는 어렵다. 이·난(易·難) : '쉽다' 또는 '어렵다'라는 뜻의 형용사로 뒤에 동사를 동반하여 '~하기 쉽다' 또는 '~하기 어렵다'라는 뜻을 이루는 특수한 기능을 가지고 있다. 사(事) : 여기서 '섬긴다'는 것은 군자를 위하여 일을 해준다는 의미로 다음 구절의 사(使)와 표리관계이다. 즉 모시는 사람의 입장에서는 사(事)가 되고 부리는 사람의 입장에서

는 사(使)가 된다. 열(說) : '기쁘다'라는 뜻의 형용사가 사역동사로 전용된 것. 열(悅)과 같다.

* 급기사인야(及其使人也) : 그가 사람을 부림에 있어서는. 급(及) : ~에 이르게 되면, ~할 때에. 원래 '~에 이르다'라는 뜻의 동사이지만 이 경우 전치사적 성격이 더 강하다. 기(其) : 군자를 가리키는 인칭대사. 야(也) : 음절을 조정하고 어기를 고르는 어기조사.
* 기지(器之) : 그 사람을 그릇에 따르다. 기(器) : '그릇'이라는 뜻의 명사가 의동사(意動詞)로 전용된 것. 각각의 그릇을 그 기능에 따라 하나의 특수한 용도에 사용하듯 사람을 쓸 때 그 사람이 가진 재능의 종류에 따라 그에 알맞은 임무를 부여한다는 뜻이다.
* 구비언(求備焉) : 다 갖출 것을 바라다.

해역

군자와 소인의 행태는 공변됨과 사사로움의 차이 정도다. 군자의 마음은 항상 공변되어 타인도 자신의 마음처럼 생각한다. 때문에 어지간한 실수에도 용서를 잘한다. 군자는 상대가 욕심을 가지고 접근하지 않는다면, 어떠한 경우든 부족한 부분을 채워주고자 노력하기 때문에 섬기기가 쉽다. 그러나 군자는 일을 함에 있어서 늘 이치에 맞을 뿐만 아니라 도(道)로써 기준을 삼기 때문에 기쁘게 하기는 실로 어렵다. 반면 소인은 사사로운 욕심이 가득 차 있기 때문에 이치나 도(道)보다는 필요한 부분만 채워주면 쉽게 만족한다. 하지만 소인은 마음이 각박하기 때문에 계속해서 섬기기란 결코 쉽지 않은 것이다.

고위 공직자를 놓고 보자. 같은 고위공직자라 하더라도 군자의 이름에 부합할 만큼 훌륭한 인품의 소유자가 있는가 하면, 어떻게 그 자리까지 올랐는지 의문을 품게 하는 사람도 있다. 문제는, 군자다운 공직자는 부하직원의 어려움을 마치 자신의 일처럼 전전긍긍하며 챙기는데 반해, 소인과 같은 공직자는 부하직원이 지속적으로 보필해도 항상 불만을 토로하기 바쁘다는 점이다. 이런 이유로도 군자다운 공직자는 섬기기 어렵지 않지만, 소인 같은 공직자는 섬기기 어렵다고 했을 것이다. 이러한 공직 환경을 개선하기 위해서라도 내공(內功)을 쌓을 필요가 있다. 내공이 쌓여야 소인다운 군자를 배격할 수 있다.

| 가르침 |

공자

공자가 이르기를, "가르치지 않은 백성을 써서 전쟁을 한다면, 이것을 일러 백성을 버리는 행위라고 한다."

원문

子曰 以不敎民戰이면 是謂棄之니라

자해

* 시(是) : 이불교민전(以不敎民戰)을 가리키는 지시대사. 동위어 관계로

以不教民戰은 외위주어이고 시(是)는 본위주어이다. 위(謂) : ~이다. 위(爲)와 같다.

해영

공직에서의 전쟁으로 대체해서 살펴보자. 수기치인(修己治人)이라고 먼저 공직에 임용되기 위해서는 반드시 시험이라는 관문을 통과해야 한다. 물론 관문을 통과하기 위해서는 학업을 통해 자신을 단련하는 시간이 필요하다. 누구나 학업을 통한다고 임용되는 것은 아니지만, 여하튼 의례에 통과하면 비로소 공직생활이 시작되는 것이다.

이 때가 되면 본격적으로 민중과의 전쟁이 시작된다. 임용 초기, 민중의 마음을 읽어내기 어려워 시행착오를 곧잘 겪는다. 때문에 보다 고품질의 행정서비스를 제공하기 위해서는 선배 공직자들의 지혜를 빌릴 수 밖에 없다. 하지만 오래가지 못하고 곧 바닥을 드러내는 수가 많다. 직접 간접으로 행정능력을 배양하기 위해 나서게 되는 이유다.

때마침 오늘날에는 언제 어디서나 행정서비스를 원활하게 제공할 수 있도록 직무교육을 수시로 실시한다. 일각에서는 지나치게 직무교육을 과중하게 부여한다고 볼멘소리도 없지 않지만, 따지고 보면 모두가 행정능력을 극대화 하여 민중의 마음을 '넓혀주고 채워주는' 이른바 확이충지(擴而充之)하고자 함을 감안하면 부정할 일은 아니다.

전쟁에 임하기 위해서는 잘 다듬어진 무기와 이를 능숙하게 다룰 수 있는 장수가 필요하다. 또한 천차만별의 민중과의 공방을 위해서는 만반의 태세를 갖춰야 한다. 가르치지 않은 백성을 써서 전쟁에 임할 수 없듯, 가르치지 않고 행정의 서비스 질을 논하는 것도 소용없기는 마찬가지다. 교육도 내공(內功)의 일환임을 잊지 말아야 한다.

헌문 (憲問)

| 도(道)의 중요함 |

공자

원헌이 부끄러움에 대하여 물으니, 공자가 이르기를, "나라에 도가 있을 때에 녹봉만 받아먹으며, 나라에 도가 없을 때에 녹봉만 받아먹는 것이 부끄러운 일이다."

원문

憲이 問恥한대 子曰 邦有道에 穀하며 邦無道에 穀이 恥也니라

자해

* 헌문치(憲問恥) : 원헌이 부끄러움에 대하여 묻다. 헌(憲) : 공자의 제자인 자사(子思)를 말한다. 성은 원(原), 헌(憲)은 그의 이름이다.
* 곡(穀) : 원래 '녹으로 받는 곡식'을 가리키는데, 여기서는 '녹을 받다'라는 뜻의 동사로 쓰였다.

해영

공직자의 부끄러움이 무엇인지 공자에게 물었다. 나라에 도(道)가 있을 때 봉급을 받는 것은 문제가 없으나, 나라에 도(道)가 없을 때 봉급을 받는 것은 부끄러운 일이라고 한 것이다. 여기서 '도'가 있다는 것은, 곧 지도자의 도가 살아있는 것으로 공직자가 함께 도를 실현할 수 있지만, '도'가 없다는 것은, 지도자와 함께 역도(逆道)로 몰리기 때문에 부끄러운 일로 여기는 것이다.

옛날 선현들도 나라에 도가 있으면 벼슬하고, 나라에 도가 없을 때는 숨어사는 것이라 했는데, 다르지 않은 말이다. 예나 지금이나 나라에 도를 실현하기 위해 지도자나 공직자들은 무진 애를 쓴다. 당장 도가 실현되지 않을지언정, 실현하고자 하는 자세가 중요한 일인 만큼, 끊임없이 내공(內功)을 쌓아야 한다. 내공이 쌓여야 부끄럽지 않은 세상에서 민중과 더불어 즐길 수 있다.

| 편안함의 배척 |

공자

공자가 이르기를, "선비로서 편안하기를 생각하면 선비라고 할 수 없다."

원문

子曰 士而懷居면 不足以爲士矣니라

자해

* 사이회거(士而懷居) : 선비가 편안함을 생각하다. 이(而) : 가정이나 조건을 표시하는 접속사. 거(居) : 마음이 편안한 곳, 집안에서 한가로이 지내다.

해영

선비라는 사람이 이치의 편안함에 따르지 않고, 오직 자신의 사정에만 얽매여 편안함만을 강구한다면, 이는 안으로는 덕(德)을 손상시키는 일이며, 밖으로는 사업(事業)[60]을 폐하는 일이 될 것이다. 공직자도 마찬가지다. '공직의 도'를 따르지 않고 일신의 안위만을 위해 움직이는 사람은 공직자라 할 수 없다. 공직자가 부지런히 움직이는 만큼 민중의 편안함은 배가 된다. 민중을 위하는 마음을 견지하기 위해서라도 내공(內功)을 쌓아야 한다. 내공이 쌓여야 부지런히 움직이는 것조차 잊을 수 있다.

60) 사업(事業)의 본래 의미는 '생명을 다루는 일'을 뜻한다.

| 소인 징계 |

공자

공자가 이르기를, "군자로서 인하지 못한 자는 있어도 소인으로서 인한 자는 있지 않다."

원문

子曰 君子而不仁者는 有矣夫어니와 未有小人而仁者也니라

자해

* 군자이불인자유의부(君子而不仁者有矣夫) : 군자이면서 인하지 못한 자는 있다. 의부(矣夫) : 감탄의 어기를 표시하는 어기조사로 추측의 어기도 다소 내포한다.

해영

군자인 공직자는 눈만 뜨면 민중의 삶을 생각한다. 따라서 공직자가 공직을 수행하는 과정에서 혹 인(仁)하지 않은 행태가 나오는 수는 있어도, 눈만 뜨면 물질만 생각하는 이른바 소인은 결코 '인'한 생각을 하지 못한다. 호리지차(毫釐之差)라고, 지향점이 상반되기 때문에 날이 가고 달이 갈수록 군자와 소인의 행태는 하늘과 땅만큼 벌어지고 만다. 내공(內

功)을 쌓아야 하는 이유다. 내공이 쌓여야 군자의 지위를 이어갈 수 있다.

| 문서의 완성 |

공자

공자가 이르기를, "외교문서를 만들 때에 비심61)이 초고를 만들고, 세숙62)이 따져 보고, 행인인 자우63)가 꾸미고 동리의 자산64)이 윤색을 하였다."

원문

子曰 爲命에 裨諶이 草創之하고 世叔이 討論之하고 行人子羽가 修飾之하고 東里子産이 潤色之하니라

자해

* 위명(爲命) : 외교문서를 만들다. 명(命) : 정부의 공문서. 여기서는 정

61) 비심(裨諶)은 정나라의 대부다. 이름은 조(竈)이고 심(諶)은 그의 자이다.

62) 세숙(世叔)은 정나라의 대부다. 이름은 유길(游吉)이고 『春秋傳』에서는 자태숙(子太叔)이라고도 한다. 그는 40여 년 동안 정나라를 다스렸는데 외교수완이 탁월해 강대국인 진초(晉楚) 사이에 끼여 있으면서도 전란의 피해를 예방했다. 그가 죽었을 때 공자가 눈물을 흘렸다고 한다.

63) 자우(子羽)는 정나라의 대부 공손휘(公孫揮)의 자식이다.

64) 자산(子産)은 정나라의 대부 공손교(公孫僑)의 자식이다.

(鄭)나라가 다른 나라에 보내는 외교사령을 뜻한다.

* 비심초창지(裨諶草創之) : 비심이 초고를 만들다. 초창(草創) : 만들다. 기초하다. 초(草) : 대략, 처음으로. 창(創) : 창시하다.

* 토(討) : 연구하는 것. 론(論) : 강론하는 것.

* 행인자우수식지(行人子羽修飾之) : 행인인 자우가 그것을 꾸미다. 행인(行人) : 사신(使臣)의 임무를 맡은 벼슬, 즉 외교업무를 관장하는 관직의 이름. 수식(修飾) : 보충하고 삭제하는 것.

* 동리(東里) : 자산(子産)이 거주하던 동네의 이름.

* 윤색(潤色) : 문채를 더하는 것, 윤내고 색칠하다.

해영

외교는 화목(和睦)을 기초로 나라 사이에 생기는 온갖 갈등을 완화하기 위해 다른 나라와 '관계 맺는 일'을 의미한다. 정(鄭)나라는 작은 나라였지만 큰 나라를 섬기는 데 뛰어났다. 지정학적으로 강대국인 진(晉)나라와 초(楚)나라에 끼여 있는 관계로 정나라는 외교에 특히 역점을 두었는데, 그들은 교섭을 진행할 때마다 매우 신중하게 접근했다.

가령 '비심'이라는 인사는 꾀를 잘 정립하여 규모의 뜻을 세웠다. 그런데 의사를 전달하는 과정에서 문제가 생길 수 있어 '세숙'은 널리 들었던 것을 가지고 전고(典古)를 토론하고 궁구(窮究)하여 합당함을 찾았다. 그러나 글의 뜻이 혹 적합하지 않을까 두려워하여 칼 같은 성품의 '자우'가 나서 너무 번거로운 것은 버리고 간략한 것은 더하였다.

하지만 문채(文彩)가 혹 볼 것이 없을까 두려워하여 '자산'을 통해 윤색하도록 하였다. 글자와 구절을 새롭게 하는 한편 속된 것을 바꾸어 아담하게 하였다. 하나의 외교문서를 만들 때에도 정나라에서는 네 사람이 각각 그 장점을 발휘하니 교섭에 실패한 일이 없었다. 이처럼 옛날의 외교문서작성도 오늘날과 비교하면 손색이 없음을 알 수 있다.

실무자가 기초를 세우면 팀장은 시기에 적절한 정책인지를 따지고, 과장은 매의 눈을 가지고 첨삭지도를 통해 완성도를 높여간다. 이런 과정을 거친 문서는 마침내 국장과 실장을 거치는 동안 격조 있는 문서로 탄생된다. 이러한 과정을 위해서도 내공(內功)을 쌓아야 함은 물론이다. 내공의 힘이 흘러 넘쳐야 부강한 나라의 기초가 될 수 있다.

| 군자와 소인의 자취 |

공자

공자가 이르기를, "군자는 위로 통달하고, 소인은 아래로 통달한다."

원문

子曰 君子는 上達하고 小人은 下達이니라

자해

* 달(達) : 통달하다.

해영

군자가 선호하는 것은 정신이기 때문에 시간이 경과될수록 위로 통달한다. 하지만 소인이 추구하는 것은 물질에 더 가깝기 때문에 시간이 경과될수록 아래로 통달한다. 즉 군자는 학문과 도(道)를 좋아하여 날이 갈수록 인격이 완성되어 고상해지는 반면, 물질에 밝은 소인은 날이 갈수록 인간성이 허물어지고 타락하여 점점 천박해지는 것이다. 그러므로 공직자는 끊임없이 위로 통달하기 위해 성심을 다해야 한다. 물론 이를 위한 내공(內功)은 필수다. 내공의 힘이 흘러 넘쳐야 군자의 나라에서 공정사회를 구현할 수 있다.

| 학문의 자세 |

공자

공자가 이르기를, "옛날의 학자는 자신을 위한 학문을 하였는데, 오늘날의 학자는 남을 위한 학문을 한다."

원문

子曰 古之學者는 爲己러니 今之學者는 爲人이로다

자해

* 지(之) : 주격조사, ~의. 학자(學者) : 배우는 사람들. 위기(爲己) : 위기지학(爲己之學)의 줄임말. 위인(爲人) : 위인지학(爲人之學)의 줄임말.

해영

예나 지금이나 위기(爲己), 위인(爲人)은 여전히 논란이다. '위기'는 위기지학(爲己之學)의 준말로, 즉 자기 자신을 위한 학문을 의미한다. 그러나 공자가 살던 시기에 이미 세상은 자기중심적으로 변화되면서 남에게 보여주기 위한 학문인 이른바 위인지학(爲人之學)이 횡행하였다. 대표적인 예가 서예(書藝)라 할 수 있다. 자신을 수양하기 위한 도구의 하나였던 '서예'가 언제부터인지 남에게 보여주기 위한 도구로 전락된 것이다.

공직사회도 이와 다르지 않은 구조에 있다. '위기지학'을 위해 일정기간 보낸 다음, '위인지학'을 하는 것이 마땅하나 아쉽게도 위인지학이 난무하고 있다. 그럼에도 공직자 개개인의 입장에서 보면, '위인지학'보다는 '위기지학'에 힘써야 한다. 자칫 탁상행정이란 비판을 면할 수 없기 때문이다. 세속의 잘못된 정서를 반전시키는 것도 공직자의 책무인 만큼, 내공(內功)을 쌓아야 한다. 내공이 흘러 넘쳐야 이름에 부합될 수 있다.

| 인물의 비교 |

공자

자공이 인물을 비교[65]하니, 공자가 이르기를, "사(賜)는 어진가 보다. 나는 그럴 겨를이 없다."

원문

子貢이 方人하더니 子曰 賜也는 賢乎哉아 夫我則不暇로라

자해

* 방인(方人) : 다른 사람을 비교하다. 방(方) : 비교하다, 평가하다, 비판하다, 비방하다. 방(謗)과 같다.
* 부아즉불가(夫我則不暇) : 나는 한가하지 않다. 부(夫) : 문장의 첫머리에서 이야기를 이끌어내기 위하여 청자의 주의를 환기시키는 어기조사. 즉 발어사. 즉(則) : ~로 말하자면, ~는. 두 가지 또는 여러 가지 사실의 대비 관계를 표시하는 접속사.

65) 자공은 평소 사람을 평가하여 우열 가리기를 좋아하였다. 이에 공자는 자기 자신을 위해 힘써야 함을 일러 주면서 경계 삼도록 한 것이다. 참고로 '비교'를 다른 말로 하면 '평가'라고도 하고 '비판'으로도 해석한다.

해영

인물을 평가한다는 것은 기본적으로 자기 자신을 기준으로 삼아 경쟁하는 의식이 개입되어 있음을 의미한다. 군자는 '정신적으로 통달해가는 사람'들로써 항상 자기 자신보다는 상대를 먼저 생각한다. 그럼에도 이처럼 역행하는 것은 문제가 아닐 수 없는 것이다.

공직자라면 적어도 민중을 위해 어떤 행정서비스를 어떻게 차별화 해나갈 것인지를 두고 고민해도 늘 시간이 부족해야 한다. 사정이 이러함에도 구성원들이 모였다 하면 인물이나 평가하고 있다면, 이는 군자의 자세에 정면으로 배치되는 일이라 아니할 수 없다.

인물에 대한 평가는 인사를 담당하는 사람들이 늘 고민하고 있다. 따라서 인사는 그들에게 맡겨두어도 충분하다. '공직자'가 어떤 의미인지 다시 한 번 성찰하는 차원에서도 내공(內功)을 쌓아야 한다. 내공이 쌓여야 민중을 위해 더 많은 시간을 투자할 수 있다.

| 원망과 덕 |

공자

어떤 사람이 말하였다. "덕으로 원망을 갚는 것이 어떻습니까?" 하자 공자가 이르기를, "그럼 무엇으로 덕을 갚을 것인가? 정직으로 원망을 갚고, 덕으로 덕을 갚아야 한다."

원문

或이 曰 以德報怨이 何如하니잇고 子曰 何以報德고 以直報怨이요 以德報德이니라

자해

* 이덕보원(以德報怨) : 덕으로 원망을 갚다. 원(怨) : 원망 혹은 원한으로 해석하나 원수로도 해석하기도 한다.

해영

존중할 수 없는 일이지만, 공직사회에서도 이른바 '라인'이라는 게 존재한다. 안타까운 일이지만 현존하는 게 사실이다. 이는 동서고금을 막론하고 조직사회에서는 어디에나 있었을 것으로 추측되지만 조선시대에서도 내내 골칫거리였다. 때문인지 '권력의 축'이 어디로 향하느냐에 따라 덕(德)이라고 하기도 하고, 원한(怨恨)이라고 하기도 한다.

이러한 정서로 인해 공직사회에서도 '덕'과 '원망'은 동시에 존재한다. 가령 나에게 '원망'하는 사람이 있다면 거기에는 어떤 오해로 비롯되었을 가능성이 크다. 따라서 해법은 반드시 정직, 즉 곧은 것으로 해야 한다. 사랑하고 미워하고 취하고 놓는 것도 합리적으로 대처해야 한다. 사사로

운 원망이 공변된 마음을 어지럽게 해서는 곤란하다.

덕(德)을 갚을 때에는 크고 적은 것을 따지지 않고 당연히 갚아야 한다. 물론 '덕'을 '덕'으로써 갚고, '원망' 또한 '덕'으로써 갚아야 함은 말할 것도 없다. 말이 간략하여 조화(造化)가 평이해 보이지만, 사실은 그 미묘함을 잡아내기 쉽지 않다. 때문에 내공(內功)을 쌓아야 하는 이유이기도 하다. 덕(德)이라는 것이 내공의 결과물이기 때문이다.

| 수기안인(修己安人) |

공자

자로가 군자에 대해 묻자, 공자가 이르기를, "경으로 몸을 닦는 것이다." 자로가 "이와 같을 뿐입니까?"라고 하자, "몸을 닦아서 사람을 편안하게 하는 것이다." 다시 "이와 같을 뿐입니까?"라고 묻자, 공자가 이르기를, "몸을 닦아서 백성을 편안하게 하는 것이니, 몸을 닦아서 백성을 편안하게 하는 것은 요순(堯舜)도 오히려 부족하게 여겼다."

원문

子路問君子한대 子曰 修己以敬이니라 曰 如斯而已乎잇가 曰 修己以安人이니라 曰 如斯而已乎잇가 曰

修己以安百姓이니 修己以安百姓은 堯舜도 其猶病諸이니라

자해

* 여사이이호(如斯而已乎) : 이와 같을 뿐인가. 사(斯) : 이, 이것. 차(此)와 같다. 이이(而已) : ~일 뿐이다.
* 요순기유병저(堯舜其猶病諸) : 요순도 아마 오히려 그것을 어렵게 여겼다. 기(其) : 아마. 추측을 표시하는 부사. 병(病) : 어려워하다, 힘들어하다. 저(諸) : 지호(之乎)와 같으며 지(之)는 수기이안백성(修己以安百姓)을 가리킨다.

해영

수기(修己)해서 치인(治人)하는 것이나, 수기(修己)해서 안인(安人)하는 것이나 큰 차이는 없다. 가령 '덕'으로써 정치를 하여 '다 살린다는 의미'의 '치인'이나, '덕'으로써 정치를 하여 '사람을 편안하게 한다'는 '안인'은 크게 보면 같은 의미이다. 그러므로 군자인 공직자는 '치인'이나 '안인'을 위해 애써야 하지만, 무엇보다 중시해야 하는 것은 '수기'를 선행해야 한다는 점이다.

사실 '수기'는 말처럼 쉽지 않다. 자기 자신의 마음을 닦는 일이지만, 세상에 보고 듣는 과정에서 초연하기란 결코 쉽지 않기 때문이다. 특히 혼인하고 자식이 생기고 삶의 질을 논하는 시기가 되면, 더욱 더 흔들리기 쉬워진다. 특히나 전설의 요순(堯舜)임금도 쉽지 않았다고 한 것을 보면 '수기'가 어느 정도인지를 가늠케 한다. 끊임없이 내공(內功)을 쌓아야 하는 이유다.

위령공 (衛靈公)

| 인위가 없는 다스림 |

공자

공자가 이르기를, "인위적으로 하지 않고 다스린 사람은 순임금인가 보다! 무엇을 하였겠는가? 몸을 공손히 하고 남쪽을 향하여 바르게 하였을 뿐이다."

원문

子曰 無爲而治66)者는 其舜也與인저 夫何爲哉이요 恭己正南面而已矣니라

자해

* 무위이치(無爲而治) : 인위적으로 하지 않고 다스리다. 위(爲) : 작위(作爲).

66) 성인(聖人)의 덕에 백성이 감화되어 제어할 필요가 없는 다스림을 뜻한다.

* 기순야여(其舜也與) : 아마도 순이리라. 기(其) : 아마. 추측을 표시하는 부사. 야여(也與) : 기(其)와 함께 쓰여서 추측을 표시하거나 자신의 생각을 완곡하게 표현하는 어기조사.
* 부하위재(夫何爲哉) : 그가 무엇을 하는가. 부(夫) : 그, 그 사람. 삼인칭 대사. 하위(何爲) : 동사와 목적어가 도치된 것.
* 공기정남면이이의(恭己正南面而已矣) : 자기를 공손하게 하고 바르게 남면하고 있을 뿐이다. 남면(南面) : 임금이 남쪽을 향하여 앉아서 백성을 다스리다. 이이의(而已矣) : '~일 뿐이다'라는 뜻의 어기조사.

해영

예로부터 제왕(帝王)의 통치가 가능했던 사람은 적지 않다. 하지만 대개 인위적인 통치였다. 특이한 사람이 있다. 덕이 대단하여 결코 인위적으로 통치를 하지 않았다. 바로 순(舜)임금이다. 순임금은 덕이 성(盛)했기 때문에 민중이 저절로 감화가 되어 인위가 필요 없었다. 또 순임금은 요(堯)임금의 덕을 그대로 이어받았을 뿐만 아니라 당시의 인재들 또한 그대로 이어받아 직분을 맡겼기 때문에 인위가 필요 없었다.

인위가 없었음에도 잘 다스려졌던 이유는 항상 몸을 공손히 하고 엄숙하게 했기 때문이다. 다시 말해 순(舜)임금에게서 볼 수 있었던 유일한 모습은, 오직 몸을 공손히 하는 기상(氣像) 뿐이었다. 따라서 순임금의 성한 덕이 유지된 비결은, 더 볼 것도 없이 요임금의 덕을 그대로 물려받았다는 점일 것이다. 아울러 당시의 인재들을 그대로 물려받았기 때문에 순임금은 자연스럽게 성인(聖人)의 뒤를 이을 수 있었다.

선배가 덕으로 사업을 잘 진척시켜 놓았더라도 후배가 무능하거나 덕이 부족하면 사업을 망칠 수가 있다. 선배의 덕도 중요하지만, 성한 덕을 이어받아 무리 없이 다스리는 것은 더 어렵다. 악화(惡貨)가 양화(良貨)를 구축한다고, 시간이 진보한다고 역사 또한 발전하는 것은 아니다. 공직자들이 내공(內功)을 쌓아야 하는 이유다. 내공이 넘쳐야 후배들 또한 선배들의 태도를 반영해 무리수를 두지 않고 지도할 수 있다.

| 충신독경 |

공자

자장이 행실에 대해 묻자, 공자가 이르기를, "말이 충실하고 믿음직스러우며 행실이 돈독하고 경건하면 비록 오랑캐의 나라라 하더라도 행해질 수 있지만, 말이 충실하고 믿음직스럽지 못하고 행실이 돈독하지 못하면 고을과 마을에서라도 행해질 수 있겠는가? 일어서면 그것이 앞에 있는 것을 볼 수 있고, 수레에 있으면 그것이 멍에에 기대어 있는 것을 볼 수 있어야 하니, 이와 같은 뒤에야 행해질 수 있는 것이다." 자장이 이 말씀을 띠에 썼다.

원문

子張이 問行한대 子曰 言忠信하며 行篤敬이면 雖蠻貊之邦이라도 行矣어니와 言不忠信하며 行不篤敬이면 雖州里나 行乎哉아 立則見其參於前也요 在輿則見其倚於衡也니 夫然後行이니라 子張이 書諸紳하니라

자해

* 만맥지방(蠻貊之邦) : 오랑캐의 나라.
* 주리(州里) : 본래 2500가구를 1주(州)라 하고 25가구를 1리(里)라고 한다.
* 입즉견기참어전야(立則見其參於前也) : 일어서면 그것이 앞에 있는 것을 볼 수 있다. 언제나 그것을 염두에 두라는 의미. 기(其) : 충·신·독경(忠·信·篤·敬) 등 앞에서 강조한 바 있는 언행의 지침이 될 만한 글자를 가리킨다. 참(參) : 바라보다. 쳐다보다.
* 부연후행(夫然後行) : 그런 뒤에 행해진다. 부(夫) : 문장의 첫머리에서 이야기를 이끌어내기 위하여 청자의 주의를 환기시키는 어기조사.
* 자장서저신(子張書諸紳) : 자장이 그것을 띠에다 쓰다. 저(諸) : 지어(之於)와 같다. 신(紳) : 허리에 매고 남은 부분을 장식용으로 길게 늘어뜨리는 큰 띠.

해영

사람이 살아가면서 말과 행실을 간과해서 살 수는 없다. 때문에 공직자는 더욱 더 조심스러울 수밖에 없다. 가령 말과 행실이 부합하면 성실한 사람으로 평가받는다. 성실한 사람들이 점차 증가하면 민중들 또한 성실해진다. 공직자와 민중이 성실하면 비록 오랑캐의 나라라 할지라도 문화국가로서의 자부심을 가져도 좋다는 게 공자의 본의다.

이는 말과 행실이 부합되지 못하면, 나라는커녕 작은 고을에서조차도 소통이 되지 않을 것이기 때문에 항상 충실하고 믿음직스러우며, 돈독하고 경건함이 체득되어 있어야 함을 강조한다. 충실과 믿음직스러움, 돈독함과 경건함은 하루아침에 생기는 것이 아닌 만큼, 정성(精誠)을 쏟아야 한다. 산만한 마음을 단속해야 도리가 떠나지 않는 것이다.

다시 말해 충실과 믿음직스러움, 돈독함과 경건함은 모두 정성에 달려 있다. 또한 성실(誠實)이 담보되지 않고서는 이루기 쉽지 않은 덕목들이다. 이러한 덕목들이 익숙해질 수 있도록 어디서나 수련을 해야 한다. 수련하는 과정이 곧 내공(內功)을 쌓는 행위라는 점에서 단속도 스스로 수행해야 한다. 나랏일을 할 수 있는 토대가 되기 때문이다.

| 살신성인 |

공자

공자가 이르기를, "뜻있는 선비와 인한 사람은 자신의 삶을 추구하느라 인(仁)을 해치지 않고, 몸을 죽여 '인'을 이루는 경우는 있다."

원문

子曰 志士仁人은 無求生以害仁이요 有殺身以成仁이니라

자해

* 지사(志士) : 뜻있는 선비. 인인(仁人) : 덕을 이룬 사람.
* 무구생이해인(無求生以害仁) : 삶을 구하여 인을 해치는 일이 없다. 이(以) : 이(而)와 같다.

해영

누구나 죽는 것보다는 사는 것을 선호하지만 더 중요한 것은 인(仁)을 실현시키는 일이다. 가령 선현들이 살아서 '인'을 온전하게 하지 않으면 죽을 때 볼 것이 없다고 한것은 음미할 만하다. 때문에 죽음을 앞두고 있으면서도 구차한 삶을 이어가기 보다는 차라리 몸을 죽여서라도 '인'을 해치지 않는 것이 더 고귀한 삶이라고 한 것이다. 그러므로 뜻있는 선비는 '인'에 뜻을 두고, '인'과 더불어 '관계'를 확대해 나가는 것을 낙(樂)으로 삼는다.

공직자의 삶은 '인'과 연관되지 않은 일이 없다. 민중의 불편한 마음을 넓혀주고 채워주는 이른바 확이충지(擴而充之)도 모두가 '인'한 마음이 존재하기 때문에 기능하는 것이고, 요즘 세상의 화두인 사회복지 확충도 '인'한 마음이 담보되어 있지 않고서는 순조롭게 작동되기 어려운 사업들이다. 따라서 '인'을 실현하기 위한 자세를 유지하는 데에도 내공(內功)은 반드시 필요하다. 내공이 쌓여야 살신성인의 토대(土臺)를 마련할 수 있다.

| '원려'는 군자의 덕목 |

공자

공자가 이르기를, "사람이 멀리 생각하는 것이 없으면 반드시 가까운 근심이 있다."

원문

子曰 人無遠慮면 必有近憂니라

자해

* 려(慮) : 사려, 생각.

해영

누구나 근심은 있다. 정신적인 근심이냐? 물질적인 근심이냐가 관심사다. 맹자는 "군자는 종신토록 하는 근심은 있어도, 하루아침의 걱정은 없다."[67]고 하였다. 여기서 평생의 근심이란 천하를 태평하게 한 순임금의 행동을 그대로 따라하는 것을 뜻한다. 즉 민중을 위해 멀리 생각하는 이른바 원려(遠慮)가 평생의 근심이자 과제였다.

그렇다면 가까운 근심이란 무엇인가? 바로 물질적 근심을 의미한다. 어떻게 하면 재물을 취할 수 있을까? 어떻게 하면 남보다 위에 올라갈 수 있을까? 고민의 고민을 거듭하다 보면 저절로 근심이 생길 수밖에 없다. 이것이 '가까운 근심'인 것이다. 이것이 지속되면 결국 가공의 가치를 만들어 내는 수단에 불과함에도 골몰하게 된다.

공직자는 군자다. 민중의 삶에 대해 끊임없이 고민해야 하는 존재인 것이다. 잠시라도 이 같은 마음을 멀리하면, '가까운 데 근심하는 존재'로 떨어질 수밖에 없다. 때문에 내공(內功)을 쌓아 성찰할 수 있는 힘을 지녀야 하는 것이다. 존재의 이유를 늘 상기시켜 멀리 생각하는 훈련을 해야 한다. 민중의 안위를 논할 수 있는 기반이다.

67) 『孟子』, 「離婁下」 : 君子, 有終身之憂, 無一朝之憂也.

| 지위 도적질 |

공자

공자가 이르기를, "장문중[68]은 그 지위를 도적질한 자인 것 같다. 유하혜[69]가 현명한 것을 알고서도 함께 조정에 서지 아니하였다."

원문

子曰 臧文仲은 其竊位者與인저 知柳下惠之賢而不與立也로다

자해

* 기절위자여(其竊位者與) : 아마도 지위를 훔친 사람이리라. 기(其) : 아마. 추측을 표시하는 부사.

해영

2500년 전, 사람들은 장문중에 대해 어진 대부라고 하여 칭찬하기 바

68) 장문중(臧文仲)은 공자와 동시대 사람으로 노나라의 대부, 장손진(臧孫辰)을 말한다. 문(文)은 시호이고 중(仲)은 항렬이다.

69) 춘추시대 노(魯)나라의 현자(賢者)였던 유하혜(柳下惠)는 유하(柳下)에서 살았다고 하여 호(號)가 되었으며, 성은 전(展), 이름은 획(獲), 자는 금(禽)이다. 문인들이 혜(惠)라는 시호를 올려 유하혜로 불렸다. 모든 것을 자신의 덕으로 화합하고자 하면서도 직도(直道)를 지켜 임금을 섬긴 것으로 유명하다. 맹자(孟子)는 그를 일러 성인(聖人) 중의 화(和)한 사람이라고 평했다.

빴다. 그러나 공자는 그가 도적질을 통해 벼슬을 차지한 사람으로 평가했다. 군자는 모름지기 윗자리에 있으면서 자신의 직분은 물론 천하의 어진 사람들을 천거하여 도덕적인 세상을 함께 건설해 나가는 것이 중요함에도 장문중은 그렇게 하지 않았기 때문이다.

장문중이 자신보다 나은 유하혜를 천거하지 않은 것은, 혹 어진사람의 등장으로 자신의 단점이 세상에 드러날까 염려했기 때문이다. 따라서 유하혜가 어진 사람임을 알면서도 자신의 자리를 잃을까 두려워하여 천거하지 않은 것이다. 이는 사실상 벼슬을 사유화하기 위한 의도였다는 점에서도 공자의 비판을 면하지 못한 것이다.

멀리 갈 것도 없다. 장문중과 같은 이들이 우리 사회에 얼마나 널리 퍼져 있는지 돌아봐야 한다. 인사적체라는 이유로 자리만 하나 생겼다 하면 너 죽고 나 살기가 횡행한다. 인물의 됨됨이나 적합도를 따지지 않고 자리를 위한 사람 찾기에 혈안이다 보니 유하혜와 같은 인물이 보일 리 없는 것이다. 비판 받아도 할 말이 없다.

21세기 대한민국의 공직자, 더 늦기 전에 공직이 대체 무엇이고 어떤 의미를 지니고 있는지 명확히 인식해야 한다. 그리하여 자신보다 나은 인재가 주변에 존재한다면 기탄없이 추천하는 풍토를 조성해야 한다. 그러한 환경을 조성하기 위해서도 내공(內功)은 필수다. 내공의 힘이 흘러 넘쳐야 진실로 민중의 삶의 질을 논할 수 있다.

| 군자의 일처리 |

공자

공자가 이르기를, "군자는 의로 바탕을 삼고, 예로 행하며, 공손으로 표출하며, 믿음으로 이루니, 이것이 군자이다."

원문

子曰 君子는 義以爲質이요 禮以行之하며 孫以出之하며 信以成之하나니 君子哉라

자해

* 의이위질(義以爲質) : 의로 바탕을 삼다. 의이(義以) : 강조효과를 위하여 이의(以義)를 도치시킨 것.
* 손이출지(孫以出之) : 공손함으로 표출하다. 손이(孫以) : 이손(以孫)이 도치된 것. 손(孫) : 손(遜)과 같다. 지(之) : 일반적인 사실, 사물, 사람을 가리키는 인칭대사.

해영

공직자가 일을 처리함에 있어서 완벽할 수는 없다. 그러나 의(義)를 바탕으로 일을 처리하면 곧 합당하게 처리할 수 있다. 또한 일을 처리함에 있어서 마땅히 행해야 할 것이라도 예(禮)로써 절제를 하면, 무리 없이

민중에 대한 눈높이 행정을 시행할 수 있다.

그러나 '예'라는 것은 스스로를 낮추고 '공손'하게 해야 한다. 혹 공손한 뜻이 없으면, 아름다움이 퇴색될 뿐만 아니라 마지못해 하는 것으로 보여 오히려 눈살을 찌푸릴 수도 있기 때문이다. '예'가 초지일관 공손함을 귀함으로 삼는 이유가 여기에 있는 것이다.

공직자는 모름지기 이런 마음으로 정책을 생산하고 시행해야 민중으로부터 신뢰를 얻을 수 있다. 신뢰 없인 어떤 정책도 껍데기에 불과하기 때문에 항상 정책이 신뢰를 받을 수 있도록 해야 한다. 이를 위한 내공(內功)은 필수다. 명실(名實)이 부합될 수 있다.

| 군자의 학문 자세 |

공자

공자가 이르기를, "군자는 자기의 무능을 병으로 여기고, 남이 자신을 알아주지 못함을 병으로 여기지 않는다."

원문

子曰 君子는 病無能焉이요 不病人之不己知也니라

자해

* 무능(無能) : 이 말은 '능력이 없다'는 뜻이 아니라, 아직 힘이 능하지 않음을 인식하여 끊임없이 덕(德)에 나아가고자 노력해야 함을 뜻하는 것이다.

해영

공직자의 학문은 기본적으로 민중을 위한 것이다. 이를 위해서는 먼저 자기 자신을 갈고 닦을 필요가 있다. 자기 자신의 도(道)를 밝힐 수 있어야 남에게도 그 도를 전할 수 있다. 만일 스스로의 도를 제대로 밝히지 못한다면, 이는 전적으로 자신의 무능(無能) 탓으로 돌리고 스스로의 병통을 타개하기 위해 애를 써야 한다.

한편 자기 자신의 도를 밝혀 그것을 민중에게 전하고 있다면, 이는 그것으로 만족하면 된다. 남들이 자신을 알아주지 않는다고 병통으로 삼을 필요는 없는 것이다. 병통의 원인이 자신이 아닌 남들에게 달려 있기 때문이다. 이것이 공직자의 자세다. 이를 위한 내공(內功)은 필수다. 내공이 쌓여야 군자로 불리는데 손색이 없다.

| 군자의 인품 |

공자

공자가 이르기를, "군자는 자신에게서 찾고, 소인은 남에게서 찾는다."

원문

子曰 君子는 求諸己요 小人은 求諸人이니라

자해

* 군자구저기(君子求諸己) : 군자는 자기에게서 찾다. 저(諸) : 지어(之於)와 같으며 지(之)는 일반적인 요구사항을 가리킨다.

해영

군자와 소인의 인품은 지향점이 다르기 때문에 결과물도 천양지차다. 군자는 먼저 자기 자신을 위하는데 힘을 쓰지, 남에게서 그것을 구하지 않는다. 때문에 스스로 갈고 닦아도 도가 서지 않으면 스스로를 책망하면서 도와 덕에 이르기 위해 더욱 매진한다.

소인은 이와 반대다. 일정한 시간이 지났는데도 이름이 나지 않으면 다른 사람을 책망하면서 자신의 도와 덕이 이르지 못하고 있음은 살피지 못한다. 군자는 무엇이든 자기 자신에게서 찾는 반면, 소인은 잘되면 자기 공으로, 못되면 남 탓으로 돌리는 것이다.

군자와 소인의 마음 씀씀이는 공직자들의 마음 씀씀이와 정확히 일치한다. 공직을 수행하는 과정에서 적나라하게 확인된다. 잘 돼도 못 돼도 모두 자기 자신의 탓으로 돌리는 군자 같은 공직자가 있는 반면, 오로지 반대로 향하는 소인 같은 공직자도 존재한다.

일각에서는 상(賞)을 주는 제도를 폐기해야 한다는 주장이 설득력을 얻을 때도 있다. 수상자의 인품이 의심될 때다. 여하튼 소인 같은 공직자보다는 군자 같은 공직자가 되기 위해서도 내공(內功)을 쌓아야 한다. 내공이 쌓여야 품위있는 공직자가 될 수 있다.

| 좋아함과 미워함 |

공자

공자가 이르기를, "여러 사람이 미워하더라도 반드시 살펴[70]보며, 여러 사람이 좋아하더라도 반드시 살펴보아야 한다."

70) 살펴보는 데에도 경중이 있다. 가령 시(視)는 육안으로 보이는 것 정도를 살피는 것이고, 관(觀)은 자세히 살피는 것을 의미하며, 찰(察)은 매우 정밀하게 살피는 것을 뜻할 때 쓴다. 검찰(檢察)과 경찰(警察)의 '찰'이 여기서 비롯된 말이다.

원문

子曰 衆惡之라도 必察焉하며 衆好之라도 必察焉이니라

자해

* 찰(察) : 세세하고 꼼꼼히 살피는 것을 뜻한다.

해영

사람의 마음이 간사하다보니 곧 잘 휩쓸리는 경향이 있다. 이러한 정서를 경계한 것이다. 오직 인(仁)한 사람이라야 옳고 그름을 정확히 분변하여 좋아할 수 있고, 미워할 수도 있다. 가령 모두가 어떤 사람을 미워한다고 하더라도 나는 반드시 그를 살펴보아야 한다. 혹 그의 행동거지가 잘못되었다 하더라도 그의 뜻은 그르지 않을 수도 있기 때문이다.

마찬가지로 모두가 어떤 사람을 좋아한다고 하더라도 나는 반드시 그를 살펴보아야 한다. 혹 그의 행동거지가 공변된 것처럼 보일지 몰라도 속마음은 겉과 다르게 성실하지 않을 수도 있고, 또 크게 부풀려져 착각을 일으킨 결과일 수도 있기 때문이다. 그러므로 사람들을 끊임없이 살피면서도 휩쓸리지 않아야 호불호(好不好)의 올바름을 얻을 수 있다.

공직에서도 사람을 좋아하고 미워하는 정서는 세속과 다르지 않다. 그러나 좋아해야 할 사람을 미워하고 미워해야 할 사람을 좋아하면, 공직의 특성상 그 폐해는 적지 않을 것이다. 이른바 '호불호' 하는 과정에서 '살핌을 게을리 하지 않아야' 하는 이유가 여기에 있는 것이다. 내공(內功)을 쌓아야 한다. 내공이 쌓여야 사사로운 감정을 멀리할 수 있다.

| 군자의 순수한 마음 |

공자

공자가 이르기를, "군자는 도(道)를 도모하고 먹을 것을 도모하지 않는다. 밭을 갈아도 굶주림이 그 가운데에 있고, 학문을 해도 봉록이 그 가운데 있는 것이니, 군자는 도를 걱정하고 가난을 걱정하지 않는다."

원문

子曰 君子는 謀道요 不謀食하나니 耕也에 餒在其中矣요 學也에 祿在其中矣니 君子는 憂道요 不憂貧이니라

자해

* 경야뇌재기중의(耕也餒在其中矣) : 밭을 갈아도 굶주림이 그 가운데 있다. 야(也) : 음절을 조정하고 어기를 고르는 어기조사. 기(其) : 경(耕)을 가리키는 인칭대사.

해영

군자가 공부하는 것이나 공직자가 공부하는 것은 모두가 어떤 일을 꾀하여 민중을 편안히 할까를 고민하는 데 있다. 때문에 일시적으로 먹고 사는 문제를 고민하는 것은 아니다. 이는 사람이 밭을 가는 것으로 비유할 수 있다. 장기적으로 먹을 것을 꾀하기 위해서이지, 굶주리기 위해서가 아니다. 흉작보다 풍작이 되도록 하는 것도 군자가 고민할 일이다.

마찬가지로 공직자가 배우는 것은 민중이 일시적으로 잘 먹고 잘살게 하는데 있지 않다. 항구적으로 잘 먹고 잘 살게 하려는 차원에서 정책을 생산하고 집행하는 것이다. 이런 이유로 공직자는 대가인 봉급을 받지 못할까를 근심하는 게 아니라 민중들이 마음 편하게 살지 못할까를 항상 근심하는 것이다. '공직자의 도'는 오로지 민중에게 달려있는 것이다.

공직자는 태생적으로 가난 때문에 근심하는 존재들이 아니다. 순전히 민중을 위하는 도, 즉 민생을 위해 고민해야 하는 사람들이다. 그러므로 눈만 뜨면 행정서비스를 어떻게 강화할 것인가를 두고 근심해야 한다. 이러한 공직자의 도를 배가시키기 위해서도 내공(內功)을 쌓아야 한다. 내공의 힘이 흘러 넘쳐야 보다 양질의 행정서비스를 구현할 수 있다.

계씨
(李氏)

| 기울지 않도록 하는 근심 |

공자

공자가 이르기를, "구야! 군자는 하고자 한다고 말하지 않고 굳이 변명하는 것을 미워한다. 나는 들으니, 국(國)을 소유하고 가(家)를 소유한 자는 백성이 적은 것을 근심하지 않고 고르지 못한 것을 근심하여, 가난한 것을 근심하지 않고 편안하지 못한 것을 근심한다고 한다. 고르면 가난이 없고, 화합하면 적음이 없고, 편안하면 기울어짐이 없다."

원문

子曰 求아 君子는 疾夫舍曰欲之요 而必爲之辭니라 丘也聞有國有家者 不患寡而患不均하며 不患貧而患不安이라 하니 蓋均이면 無貧이요 和면 無寡요 安이면 無傾이니라

자해

* 국(國) : 나라의 수장, 즉 제후(諸侯)라 한다. 가(家) : 제후보다 다스리는 범위가 작다. 그 수장을 대부(大夫)라 한다. 즉 국가(國家)는 제후와 대부가 존재하는 것을 뜻한다.

해영

이른바 국가를 운영하는 사람들은 민중의 수를 가지고 근심하지 않는다. 오직 분수와 고르지 못한 것을 걱정하며, 빈곤을 근심하지 않고 빈부의 차가 극단을 이뤄 갈등이 확대될까를 걱정한다. 가령 상하의 분수가 흡사하여 먹고 사는, 즉 '삶의 환경'을 치우치지 않게 만들어주면 민중들의 삶은 곧 화평해져서 갈등하는 삶에서 급속히 완화될 수 있다.

이는 지도자의 입장이나 고위직, 하위직을 막론하고 입장이 각기 다르게 존재한다. 지도자들은 그들 간의 치우침에 따라 갈등이 상존하고 있고, 고위, 하위직도 이런 갈등구조에서 벗어나지 못하고 있다. 그러나 국(國)과 가(家)를 운영하는 입장에 있는 모든 구성원들은 민중의 삶이 최우선이라는 당위를 뒤집어 주객이 전도되는 일이 없도록 해야 한다.

민중의 삶은 피폐하기 짝이 없음에도 나라를 운영하는 사람들이 자신들의 권리만을 취하기 위해 지지고 볶아댄 나라치고 망하지 않은 나라가 없다. 이는 역사가 잘 말해주고 있다. 민중이 가장 귀하고 국가를 운영하는 사람들은 그 다음이다. 따라서 한쪽으로 기울어지지 않도록 공직자들은 내공(內功)을 쌓아야 한다. 내공이 쌓여야 고르게 할 수 있다.

| 혈기와 지기(志氣) |

공자

공자가 이르기를, "군자에게 세 가지 경계할 것이 있으니, 젊어서는 혈기가 아직 정해지지 않았으므로 경계할 것이 여색에 있고, 장성해서는 혈기가 한창 강하므로 경계할 것이 싸움에 있고, 늙어서는 혈기가 이미 쇠하므로 경계할 것이 얻는 데 있다."

원문

孔子曰 君子有三戒하니 少之時에 血氣未定이라 戒之在色이요 及其壯也하야 血氣方剛이라 戒之在鬪요 及其老也하야 血氣旣衰라 戒之在得이니라

자해

* 계지재색(戒之在色) : 경계할 것이 여색에 있다. 지(之) : 일반적인 사실, 사물, 사람을 가리키는 인칭대사.
* 급기장야(及其壯也) : 그가 장성함에 이르다. 야(也) : 음절을 조정하고 어기를 고르는 어기조사.

해영

공직, 민심이 흉흉한 탓인지 안정을 희구하기 위한 인재들이 몰리고 있다. 대체로 치열한 경쟁을 통해 임용되다 보니, 경쟁의식이 굉장히 강함을 엿볼 수 있다. 마땅히 공직의 도를 인식하고 이를 구현하기 위한 경쟁이 되어야 하지만, 실상은 딴판이다. 순전히 상대를 제압해야 내가 살 수 있다는 이른바 '생존을 위한 투쟁'으로 보이기까지 한다.

때문인지 최근 공직자들의 행태를 보면, 경쟁력이 그 어느 때보다 강하게 자리하고 있음을 볼 수 있다. 최근 공직사회의 새로운 특성이라고도 할 수 있겠지만, 문제는 공직 본연의 도를 확실히 인식하여, 이를 실현하기 위한 경쟁이 되어야 함에도 공직자들 간의 실력경쟁으로 비화되고 있는게 사실이다. 선배 공직자들의 지혜의 덕(德)이 절실하다.

여하튼 임용 초기엔 '이성'을 경계해야 한다. 아직 혈기(血氣)가 정해지지 않았을 뿐 아니라 공직의 정서 또한 파악하지 못한 시기이기 때문에 이성에 지나치게 몰입하면, '공직의 도'를 망각할 수 있기 때문이다. 또 공직이 성숙단계에는 동료 간의 경쟁을 경계해야 하고, 연배와 공로가 지긋한 시기에는 명예를 얻기 위한 무리수를 경계해야 한다.

이 밖에도 공직생활을 하는 동안 경계로 삼아야 할 일은 수도 없이 많다. 이처럼 경계하는 의식을 담보하기 위해서는 속히 지기(志氣)를 길러야 한다. '지기'는 혈기가 쇠하는 것처럼 쉽게 쇠하지 않기 때문이다. '지기'를 기르기 위해서도 내공(內功)을 쌓아야 한다. 내공이 쌓여야 재색(在色)과 재투(在鬪), 재득(在得)을 경계할 수 있는 힘이 생긴다.

| 세 가지 두려움 |

공자

공자가 이르기를, "군자는 세 가지 두려워하는 것이 있으니, 천명을 두려워하고, 대인을 두려워하며, 성인의 말씀을 두려워한다. 소인은 천명을 알지 못하여 두려워하지 않으므로, 대인을 함부로 대하며, 성인의 말씀을 업신여긴다."

원문

孔子曰 君子有三畏하니 畏天命하며 畏大人하며 畏聖人之言이니라 小人은 不知天命而不畏也라 狎大人하며 侮聖人之言이니라

자해

* 외대인(畏大人) : 대인을 두려워하다. 대인(大人) : 덕망이 있는 훌륭한 인물을 가리키는 경우와 고위 관직에 있는 사람을 가리키는 경우가 있다.

해영

군자는 두려워하는 마음이 셋이 있다. 즉 천명(天命)과 대인(大人)과 성인(聖人)의 말씀이다. 하늘은 사람들에게 바른 이치를 지니고 살기를 기대하며 '천명'을 부여하지만 아무나 따르지 못한다. 하지만 '대인'은 그것을 온전히 한다. '성인'의 말씀 또한 누구나 따르지 못하지만, 군자는 이를 두려워하며 따른다. 때문에 천리(天理)를 보전할 수 있다.

소인은 '천명'은 물론 이치 또한 알지 못하기 때문에 두려움 따위를 느끼지 못한다. '대인'은 물론 '성인'의 말씀도 희롱하지 않으면 다행일 정도로 무시하며 살기 때문에 흉한 결과를 맞이하기 쉽다. 공직자는 민심을 읽어 확충(擴充)해 주는 것이 '천명'이고, 이를 지속하는 것이 '천리'를 보전하는 길이다. 내공(內功)을 쌓아야 하는 이유이기도 하다.

| 학문을 권함 |

공자

공자가 이르기를, "나면서부터 아는 자가 상등이고, 배워서 아는 자가 그다음이고, 통하지 않음에 배우는 자가 또 그다음이니, 통하지 않음에 배우지 않으면 백성으로서 하등이 된다."

원문

孔子曰 生而知之者는 上也요 學而知之者는 次也요 困而學之가 又其次也니 困而不學이면 民斯爲下矣니라

자해

* 생이지지(生而知之) : 나면서부터 알다. 이(而) : 원래 순접관계를 표시하는 접속사이지만 문맥에 의하여 '~하자마자 곧'이라는 의미를 지닌다. 지(之) : 일반적인 사실이나 사물, 사람을 가리키는 인칭대사.
* 학이지지(學而知之) : 배워서 알다. 이(而) : 원래 순접관계를 표시하는 접속사로 생이지지(生而知之)의 이(而)와 같은 성질이지만, 문맥에 의하여 '~해야 비로소'라는 의미를 지닌다.
* 곤(困) : 통하지 않는 바가 있음.
* 민사위하의(民斯爲下矣) : 백성으로서 하등이 되다. 민(民) : 사람, 인간. 사(斯) : ~하면 곧. 조건에 따른 결과를 표시하는 접속사.

해영

사람의 기질은 참으로 다양하다. 태어나 특별히 교육을 통하지 않고도 삶의 이치를 터득하는 사람은 상등(上等)이라 할 수 있다. 그러나 태어나 일정한 교육을 통해 이치를 깨닫는 사람은 그다음이고, 통하지 않아 어쩔 수없이 교육을 통해 깨우침을 터득해 나가는 사람은 그다음이

며, 대체 통하지도 않으면서 배우지 않아 전혀 깨우칠 조짐조차 없는 사람은 하등(下等)이 되는 것이다. 한 마디로 대책이 없는 유형이다.

공직자의 기질도 다양하긴 마찬가지다. 임용 초기부터 두각을 나타내는 사람을 '상등'이라 한다면, 일정한 소양교육을 통해 '공직의 도'를 깨우치는 사람은 그다음이라 할 수 있다. 그런가 하면 동료나 민중과 소통이 되지 않아 일정한 소양교육을 통해 '공직의 도'를 터득하는 사람은 그다음이며, '공직의 도'는 물론 동료 간에도 전혀 소통이 되지 않아 곤란함이 하늘을 찌르는 형국임에도 배우지 않는 사람은 하등이다.

공직자는 예로부터 '군자'라 하였다. 군자는 자기보다 남을 먼저 생각하는 사람이다. 그러므로 군자는 배우는 것을 귀하게 여기는 것이다. 그렇다면 태어나면서부터 이치를 터득하여 실천하는 '상등'의 인재가 되면 더없이 좋겠지만, 적어도 통하지 않음에도 배우지 않는 '하등'의 공직자는 되지 말아야 한다. 내공(內功)을 부지런히 쌓아야 하는 이유다. 내공이 쌓여야 동료는 물론 민중들과도 유연하게 소통 할 수 있다.

| 아홉 가지 생각 |

공자

공자가 이르기를, "군자는 아홉 가지 생각이 있으니, 볼 때는 분명하게 볼 것을 생각하고, 들을 때는 분명하게 들을 것을 생각하고, 얼굴빛은 온화함을 생각하고, 용모는 공손함을 생각하고, 말은 충실함을 생각하고, 일은 경건함을 생각하고, 의심스러울 때는 물을 것을 생각하고, 분할 때는 어려움을 당할 것을 생각하고, 얻을 것을 보면 의로움을 생각한다."

원문

孔子曰 君子有九思하니 視思明하며 聽思聰하며 色思溫하며 貌思恭하며 言思忠하며 事思敬하며 疑思問하며 忿思難하며 見得思義라

자해

* 의(疑) : 의심하다, 정해지지 아니하다. 의(義) : 옳다, 바르다.

해영

군자 노릇하기 쉽지 않다. 달리 말하면 공직자 노릇도 쉽지 않다는 말이다. 그만큼 자기 자신보다는 남을 위한 사람임을 알 수 있는 대목이다. 공직의 도를 명확히 인식하여 공명정대하게 공무를 수행해야 할 일도 만만치 않지만 스스로 단속해야 할 것도 적지 않다.

볼 때는 분명하게 보고, 들을 때는 분명히 듣고, 얼굴빛은 항상 온화함을 생각하고, 용모는 공손할 것을, 말은 충실할 것을, 일은 경건하게 할 것을, 의문은 질문을, 분한 일은 후일을 도모할 것, 얻음에 대한 의로운 생각 등 공직자들은 참으로 지켜야할 덕목이 많다.

공직자가 배우는 것은 쓸모없는 게 없다. 어떤 형태로든 민중에게 도움이 된다. 공직자가 보고 듣고 말하는 모든 것이 약이 되는 것이다. 사사로운 욕심을 제거하고 끊임없이 민중을 위하는 내공(內功)을 쌓아야 한다. 내공이 흘러 넘쳐야 공직의 도를 보전할 수 있다.

양화
(陽貨)

| 선함과 악함 |

공자

공자가 이르기를, "성품은 서로 가까우나 익히는 데 따라 서로 멀어지게 된다."

원문

子曰 性相近也나 習相遠也니라

자해

* 성(性) : 기질을 겸한 성.
* 습상원야(習相遠也) : 익힘에 따라 멀어지다. 습(習) : 습관이나 교육 등 후천적인 환경을 가리킨다.

해영

사람은 누구나 하늘로부터 성품을 부여받는다. 그러나 기질(氣質)이 어떠냐에 따라 맑고 흐리고 순전(純全)하고 잡박(雜駁)함의 차이가 나타난다. 생후 초기에는 선한 것과 악한 것이 서로 떨어지지 않고 가까이 존재하지만, 생활의 환경에 따라 선하고 악함이 점차 멀어지는 것이다. 그러므로 평소의 생활 태도를 무시할 수 없는 것은 이 때문이다.

공직도 마찬가지다. 임용 초기에는 누구나 공직자로서의 사명감을 가지고 출발한다. 하지만 어떤 사람은 시간이 지날수록 민중에게 꼭 필요한 공직자가 되는가 하면, 어떤 사람은 비천하기 짝이 없는, 즉 공공의 적으로 간주되는 공직자도 있다. 공직환경을 둘러보고 절제하는 데에도 내공(內功)이 필요하다. 내공이 쌓여야 '천명'을 따를 수 있다.

| 상지와 하우 |

공자

공자가 이르기를, "오직 가장 지혜로운 사람과 가장 어리석은 사람은 변하지 않는다."

원문

子曰 唯上知與下愚는 不移니라

자해

* 상지(上知) : 가장 지혜로운 사람. 하우(下愚) : 가장 어리석은 사람. 불이(不移) : 자신의 생각을 바꾸지 못함.

해영

흔히 사람의 기질을 논할 때, 공자는 "성품이 서로 가까우나 익히는 데 따라 서로 멀어지게 된다."71)고 하였다. 여기서 익힘에 따라 상등과 중등, 하등으로 나누기도 한다. 상등의 사람은 기운이 맑고 바탕 또한 정결하여 지혜로운 사람이라고 하며, 반대로 하등의 사람은 기운이 흐리멍덩하고 바탕 또한 잡되어 어리석은 사람으로 규정한다. 이 두 종류의 사람은 성품이 일정하여 서로 교차될 수 없는 것이 특징이다.

이러한 양극단의 부류와는 달리 중등 정도의 사람도 존재한다. 선하게 살 수도 있고, 악하게도 살 수 있는 부류의 사람이다. 이런 사람은 교육을 통해 그 기질을 선한 쪽으로 바꿀 수 있는 게 특징 가운데 하나다. 문제는 사람이라고 규정하기 어려운 사람이다. 이런 사람은 성품이 사나울 뿐만 아니라 선한 것을 아무리 일러주어도 배척하기 일쑤다. 이런 사람은 성인(聖人)과 함께 산다 해도 교화(敎化)72)되기 어렵다.

71) 『論語』, 「陽貨」 : 子曰, 性相近也, 習相遠也.

72) 교화(敎化)란 인간을 가르쳐 감화시키는 작업을 말한다. 예컨대 학업을 통하여 사람을 가르치는 것을 '敎'라면, 행동으로 이를 실천하여 모범을 보임으로서 사람다움을 권장하는 것을 '化'라 한다. 따라서 '교화'란 이론과 실천이 병행되어야 가능하며, 교육보다 질적으로 고양된 고차원의 인간화 작업으로 지행일치의 경지에서만 가능하다. "교화가 널리 펴지고 마음속에 깊이 스며들어 백성이 화목하게 되었다"는 『한서』, 「예문지」의 구절이 말해 주듯이, 교

공직자는 예로부터 군자로 불렸다. 따라서 지혜롭게 행동하지 않으면 비난을 면하지 못한다. 그러므로 공직자는 지혜를 기초로 중간 부류의 사람들을 선하게 이끌어야 한다. 이를 위해 끊임없이 중등의 사람들을 찾아내는 상지(上智)가 필요하다. 물론 그러한 '상지'를 기르는 데에도 내공(內功)이 필요함은 말할 것도 없다. 내공이 흘러 넘쳐야 중간 부류의 사람들만이라도 자연스럽게 선한 쪽으로 이끌 수 있다.

| 인의 실제 |

공자

자장이 공자에게 인(仁)에 대하여 묻자, 공자가 이르기를, "다섯 가지를 천하에 실행할 수 있으면 인이 된다." 자장이 가르쳐 주기를 청하자 이르기를, "공손함, 관대함, 믿음직스러움, 민첩함, 은혜로움이다. 공손하면 모욕당하지 않고, 너그러우면 대중의 지지를 얻게 되고, 믿음직스러우면 남들이 의지하게 되고, 민첩하면 공로가 있게 되고, 은혜로우면 충분히 남들을 부릴 수 있다."

화는 지식의 전달이 아니라 인간의 도리를 가르쳐 상호 존중의 사회를 만드는 과정이기 때문에 일방통행이 될 수 없다. 반드시 가르치는 주체의 모범적 행동이 요구되고 따라서 배우는 사람이 대상을 존경해야만 가능하므로 쌍방 간의 공감대와 합의가 필요하다.(김해영, 『철학자, 정조의 효치를 분석하다』, 안티쿠스, 2012, 287쪽.)

원문

子張이 問仁於孔子한대 孔子曰 能行五者於天下면 爲仁矣니라 請問之한대 曰 恭寬信敏惠니 恭則不侮하고 寬則得衆하고 信則人任焉하고 敏則有功하고 惠則足以使人이니라

자해

* 청문지(請問之) : 아무쪼록 그것을 묻다. 청(請) : '청컨대, 부디, 모쪼록'이라는 뜻의 부사. 상대방의 동작에 대한 존경의 뜻을 표시한다. 지(之) : 오자(五者)를 가리키는 인칭대사.
* 임(任) : 의지하고 믿음.
* 혜즉족이사인(惠則足以使人) : 은혜로우면 족히 남을 부릴 수 있다. 족이(足以) : '~하기에 족하다, ~하기에 충분하다'라는 뜻의 조동사.

해영

인(仁)은 마음의 이치이기 때문에 마음에서 사라지면 곧 '인'도 끊어지고 만다. 만일 위의 다섯 가지 덕목을 세상에서 실천하면, 어디에서든 다 마땅하여 통하지 않는 곳이 없게 된다는 것이 공자가 자장에게 일러준 '인이 요체'다. 즉 자장에게 있어서 공손, 관대, 믿음, 민첩, 은혜[恭寬信敏惠] 등 다섯 가지의 덕목을 확실하게 체득하여 살아간다면, 크게 문제될 게 없다는 것이다.

확이충지(擴而充之)[73]를 공직자가 행해야 할 기본 덕목으로 전제하여, 이를 '공직자의 인'으로 의론하여 보자. 사실 그대로 따르기만 해도 충분하다. 즉 다섯 가지를 보존하면 공직자의 마음이 거만하지 않고 공손해질 것이며, 마음이 편벽되지 않고 관대해질 것이며, 거짓이 없어 믿음직스러울 것이며, 민첩해짐으로써 게으름과 멀어질 것이며, 각박한 마음은 은혜로 바뀔 것이다.

공직자가 '확이충지'하기 위해 공손한 마음, 관대한 마음, 믿음직스러운 마음, 민첩한 마음, 은혜로운 마음을 지니는 핵심 요체는 역시 '실제로 실천할 수 있어야 한다'는 데 있다. 물론 실행하기 쉽지 않은 덕목들이지만, 더 이상 구차해지지 않기 위해서라도 실행해야만 한다. 이를 위한 내공(內功)은 필수다. 내공이 풍부하게 쌓여야 보다 고품질의 행정서비스를 제공할 수 있다.

| 호학성덕(好學成德) |

공자

공자가 이르기를, "유야! 너는 육언(六言)에 육폐(六蔽)를 들어보았느냐?" 자로가 답하였다. "아직 듣지 못하였습니다." 공자가 이르기를, "앉아

73) 공직자가 존재하는 구체적인 이유는 사회적 약자의 '마음을 넓혀주거나 부족함을 채워'주는 이른바 '확이충지(擴而充之)' 하는 일이다.

라. 내가 너에게 말해 주겠다. 인만 좋아하고 배우기를 좋아하지 않으면 그 폐단은 어리석게 되고, 지혜만 좋아하고 배우기를 좋아하지 않으면 그 폐단은 지나치게 호탕하게 되고, 믿음만 좋아하고 배우기를 좋아하지 않으면 그 폐단은 해치게 되고, 정직한 것만 좋아하고 배우기를 좋아하지 않으면 그 폐단은 급하게 되고, 용맹만 좋아하고 배우기를 좋아하지 않으면 그 폐단은 어지럽게 되고, 강한 것만 좋아하고 배우기를 좋아하지 않으면 그 폐단은 경솔하게 된다."

원문

子曰 由也아 女聞六言六蔽矣乎아 對曰 未也로이다 居하라 吾語女호리라 好仁不好學이면 其蔽也愚요 好知不好學이면 其蔽也蕩이요 好信不好學이면 其蔽也賊이요 好直不好學이면 其蔽也絞요 好勇不好學이면 其蔽也亂이요 好剛不好學이면 其蔽也狂이니라

자해

* 여문육언육폐의호(女聞六言六蔽矣乎) : 너는 여섯 마디의 말과 여섯 가지의 폐단을 들었는가. 여(女) : 너. 이인칭대사. 여(汝)와 같다. 육언(六言) : 여섯 가지 덕목. 의(矣) : 동작이 이미 완료되었음을 표시하는 어기조사.
* 거(居) : 앉음.
* 오어여(吾語女) : 내가 너에게 말하다. 어(語) : ~에게 ~을 말하다.

* 호인불호학(好仁不好學) : 인만 좋아하고 배우기를 좋아하지 않다.
* 기폐야우(其蔽也愚) : 그 폐단은 어리석게 되다. 폐(蔽) : 폐단, 폐(弊)와 같다. 야(也) : 음절을 조정하고 어기를 고르는 어기조사. 우(愚) : 속임을 당할 만함.
* 탕(蕩) : 높고 넓은 곳을 탐구하면서 그치지 못함.
* 적(賊) : 상대를 해롭게 함.
* 교(絞) : 급함. 꼬임.

해영

배우기를 좋아하면서도 그 덕을 이루지 못하면 곧 폐단이 되고 만다. 선(善)함이 '선함'으로 남기 위해서는 그 까닭을 알아야 한다. 까닭을 알지 못하면 이 또한 폐단이 되는 것이다. 가령 인이라는 말이 좋긴 하지만 배워서 이치를 밝히지 못하면 완전한 인이 되지 못할 뿐 아니라 오히려 폐인이 될 뿐이고, 지혜라는 말도 좋기는 하지만 그 이치를 밝히지 못하면 허울만 남게 될 수밖에 없다. 믿음도 마찬가지다. 그 이치를 밝혀야 하고, 곧음도, 용맹도, 굳셈도 모두 그 이치를 밝히지 못하면 폐단에 불과할 따름이다.

최근 공직사회에서는 '폐단이 쌓여 있다'는 이른바 '적폐(積弊)'를 청산하겠다는 말을 자주한다. 단언컨대 적폐가 만들어진 까닭을 밝혀 그것을 해소시키지 못하는 한, 적폐청산은 수포로 돌아갈 수밖에 없다. 다시 말해 적폐가 발생하게 된 원인을 명확하게 인지하여, 그것의 이치를 정확하게 인식하여 제거하지 않고서는 공허한 구호에서 머물 수밖에 없다. 공허에서 실질로 변화시키기 위해서는 전 공직자들이 일치된 마음으로 내공(內功)을 쌓아야 한다. 내공의 힘이 넘쳐야 학문과 덕을 높이고 폐단을 청산할 수 있다.

| 덕을 해침 |

공자

공자가 이르기를, "향원[74]은 덕을 해치는 사람이다."

원문

子曰 鄕原은 德之賊也니라

자해

향(鄕) : 비루하고 속됨. 원(原) : 원(愿)과 같으며 삼가는 뜻이다.

해영

공자는 향원[75]에 관해 논하면서, 향원이 내 문 앞을 지나면서 내 집

74) 매사에 옳고 그름을 분명하게 따지지 않고 세속에 맞춰 두루뭉술하게 살아감으로써 온 고을 사람들의 칭송을 받는 사람을 일컫는다. 뚜렷한 가치관이 없고 삶의 태도가 진지하지 않아 일반적으로 위선자라는 의미를 내포하고 있다.

75) 향원(鄕原)에 관한 여러 해석이 있지만, 맹자의 해석이 설득력이 있다. 만장이 말하길, "한

에 들어오지 않더라도 유감으로 여기지 않을 자는 오직 향원일 것[76]이라고 언급한 바 있다. 그만큼 향원에 대한 비판의 강도는 컸다. 덕을 해친 사람이었기 때문이다. 이는 쉽게 얘기하면 자신의 덕을 펼치기 위해서는 자신이 지니고 있는 만큼, 그 자리에서 베풀면 된다는 지극히 간단한 덕의 원리를 논한 것이다. 즉 남의 덕을 내 덕으로 포장해서는 곤란하다는 것이다.

안타까운 일이지만 공직의 예를 가지고 논해 보자. 특정한 부서를 열거하지 않더라도 열과 성을 다해 생산해 낸 부하직원이나 동료직원들의 업적을 부서장이란 이름으로 업적을 가로채는 행위들이 적지 않게 보고되고 있다. 바로 이 같은 경우의 사람들이 향원과 같은 자들이라 할 수 있다. 말로 표현하기 어려울 만큼, 갈등의 연속에서 구축한 성과물을 부서장이란 이름으로 과실을 챙기는 자들이야 말로 오늘날 공직의 향원인 것이다.

향원은 뭘 모르는 사람들에게는 최고의 사람으로 평가 받기도 한다. 법 없이도 살 사람으로 평판이 좋은 사람으로 대접 받는 것이다. 그러나

지방이 모두 어진 사람이라고 부른다면 가는 곳마다 어진 사람이 될 터인데 공자께서 '덕을 해치는 사람'이라고 여긴 것은 어째서입니까?" 맹자가 이르기를, "비난하려고 들면 들어서 말할 것이 없고, 풍자하려고 들면 풍자할 것이 없으며, 흘러가는 시속에 동화되고 더러운 세상에 부합하며, 위인은 충직한 듯하고 행동은 청렴결백한 듯하여 여러 사람들이 다 그를 좋아하고 자신도 옳다고 여기지만 요순(堯舜)의 도(道)에는 들어갈 수 없기 때문에 '덕을 해치는 사람'이라고 하신 것이다."(『孟子』, 「盡心下」 : 萬章曰, 一鄕, 皆稱原人焉, 無所往而不爲原人, 孔子以爲德之賊, 何哉. 曰, 非之無擧也, 刺之無刺也, 同乎流俗, 合乎汙世, 居之似忠信, 行之似廉潔, 衆皆悅之, 自以爲是而不可與入堯舜之道, 故曰, 德之賊也.)

76) 『孟子』, 「盡心下」 : 孔子曰, 過我門而不入我室, 我不憾焉者, 其惟鄕原乎.

이들로부터 사회가 변화하지 않는다는 데 문제의 심각성이 있다. 아니 오히려 이들 때문에 사회의 부조리가 더디게 변화한다는 점에서 문제를 삼아야 한다. 소수에게는 도움이 될지 모르나 다수에게, 특히 사회적 약자를 위해 존재한다는 공직 본연의 입장에서 보면 반드시 개혁의 대상인 것이다.

공직자는 누구나 '자신의 밝은 덕을 민중에게 펼치기 위해 존재하는 사람들'이다. 그런 의미에서 덕을 해치는 사람이 되어서는 곤란하다. 자신의 입장에서 펼칠 수 있는 만큼, 그 역량을 발휘하면 그만이다. 무리수를 두어가며 덕을 쌓는 것은 허덕(虛德)일 뿐이다. 따라서 밝은 덕을 펼치기 위해 끊임없이 내공(內功)을 쌓아야 한다. 내공의 힘이 흘러 넘쳐야 흐리멍덩한 덕이 아닌 진실로 밝은 덕을 불특정 다수에게 지속적으로 펼칠 수 있다.

| 여자와 소인 |

공자

공자가 이르기를, "오직 여자와 소인은 다루기 어려우니, 가까이 하면 불손해지고 멀리하면 원망한다."

원문

子曰 唯女子與小人이 爲難養也니 近之則不孫하고 遠之則怨이니라

자해

* 위난양야(爲難養也) : 다루기 어렵다. 위(爲) : '~이다'라는 뜻의 동사. 뒤에 오는 형용사와 결합하여 '~하다'라는 뜻의 술어를 이룬다. 난(難) : '어렵다'라는 뜻의 형용사로 뒤에 동사를 동반하여 '~하기 어렵다'라는 뜻을 이루는 특수한 기능을 가지고 있다. 양(養) : 다루다, 다스리다.

해영

공자라는 '사상가'가 요즘 사람들에게 쉽게 다가서지 못하게 하는 부분이 있다면, 바로 이런 대목 때문이다. 특히 여성들이 심하게 부정하는 지점이다. 그러나 이는 '공자의 본의'를 제대로 짚지 못해 일어난 단순 오해에서 비롯된 것에 불과하다.

공자는 여자(女子)가 되기보다는 숙녀(淑女)가 될 것을 권하고, 소인(小人)보다는 끊임없이 노력해서 기필코 군자(君子)가 될 것을 권한다. '숙녀와 군자'가 '정신적으로 통달한 사람'이라면, '여자와 소인'은 '물질적으로 통달한 사람'을 가리킨다.

숙녀와 군자의 타이틀은 고상함 그 자체이다. 시간이 지날수록 위로

통달[77]한다. 즉 학문과 도를 좋아하여 날이 갈수록 인격이 완성되는 것이다. 날이 갈수록 인간성이 허물어지고 타락하여 점차 천박해지는 여자와 소인과는 차원이 다른 것이다.

마찬가지로 공직자는 소인이 아닌 군자다. 이름에 걸맞은 군자가 되기 위해 끊임없이 수련해야 한다. 물론 군자가 되기 위해서도 내공(內功)을 필요로 함은 말할 것도 없다. 내공이 흘러 넘쳐야 민중과 더불어 소통(疏通)을 원활하게 할 수 있다.

| 수덕(修德) |

공자

공자가 이르기를, "나이가 마흔이 되어서도 미움을 받으면 그대로 끝이다."

원문

子曰 年四十而見惡焉이면 其終也已니라

자해

* 견오언(見惡焉) : 미워함을 당하다. 미움을 받는다. 견(見) : 동사 앞에

77) 『論語』, 「憲問」: 君子上達, 小人下達.

놓여서 피동을 표시한다. 언(焉) : 음절을 조정하고 어기를 고르는 어기 조사.

* 기종야이(其終也已) : 아마도(거기서) 끝날 것이다. 기(其) : 아마. 추측을 표시하는 부사. 종(終) : 끝나다. 더 이상 가망이 없다는 의미. 야이(也已) : 단정적인 어기를 표시하는 어기조사.

해영

일반 사람도 나이 40세가 되면 '삶의 도'가 생긴다. 하물며 군자로 불리는 공직자는 당연히 '공직의 도'가 푹 익을 때다. 그럼에도 만일 40세가 되어서도 '공직의 도'는커녕 배움의 열의 또한 없다면, 그러한 사람에게는 더 이상 볼 것이 없다. 내공(內功)이고 뭐고 쌓을 것도 없다. 즉시 하산하여 소인으로 살아가는 게 자신은 물론 민중들에게도 도움 되는 길이다.

미자
(微子)

| 동일한 인(仁) |

공자

미자[78]는 떠나가고 기자[79]는 종이 되고 비간[80]은 간하다가 죽었다. 공자가 이르기를, "은나라에 세 '인'한 사람이 있었다."

원문

微子는 去之하고 箕子는 爲之奴하고 比干은 諫而死

78) 미자(微子)는 은나라 마지막 임금인 주왕(紂王)의 형이다. 그의 모친이 아직 제을(帝乙)의 첩일 때 그를 낳았고, 그 뒤 본처가 되고 나서 주왕을 낳았기 때문에 비록 동생이지만 주왕이 왕위를 계승했다. 그는 주왕의 무도한 짓을 목격하고 여러 차례 간했으나 소용이 없자, 주(周)나라로 떠났다. 은나라가 망한 후 주나라 무왕(武王)에 의하여 송(宋)나라의 제후로 봉해졌다.

79) 기자(箕子)는 주왕의 숙부로 그의 무도함을 보고 여러 차례 간했으나 주왕은 듣지 않고 오히려 기자를 가두었다. 이에 기자가 머리를 풀어헤치고 미치광이 행세를 하면서 종이 되었다.

80) 비간(比干) 역시 주왕의 숙부였으나 그의 무도함을 목격하자 끝까지 간언하다가 피살되었다. 주왕은 계속 간하는 숙부 비간을 향해 "성인의 심장에는 구멍이 일곱 개나 된다."라고 하면서 그의 심장을 도려내어 죽였다.

하나라 孔子曰 殷有三仁焉하나라

자해

* 미자거지(微子去之) : 미자가 그를 떠났다. 미(微) : 나라이름. 자(子) : 작위. 지(之) : 주왕(紂王)을 가리키는 인칭대사.
* 기자위지노(箕子爲之奴) : 기자가 그의 종이 되다. 지(之) : 주왕(紂王)을 가리키는 인칭대사로 관형어로 쓰였다. 기(箕) : 나라 이름. 자(子) : 작위.

해영

옛날 은(殷)나라의 마지막 왕인 주(紂)가 정치를 제대로 하지 않자, '미자'는 바로잡을 것을 자주 권했다. 그러나 듣지 않자 떠나버렸다. '기자'는 '주왕'이 음란하고 방탕하자 이에 대한 문제제기를 하다가 구속되었다. 그러자 기자는 머리털을 풀어헤치고 미친 척하며 종이 되었다. '비간' 또한 정치를 올바로 하기를 권하다가 마침내 죽임을 당하였다. 이 세 사람은 모두가 '주왕'의 종친이자, 신하들인데 떠나거나 종이 되거나 죽임을 당하였다.

세 사람 모두 행동거지에 따라 운명이 갈렸다. 그러나 그들의 행적은 서로 다르지만 그 뿌리를 보면 같다고 할 수 있다. 왕의 올바른 정치를 기대했고, 나라 사랑하는 마음도 다르지 않았기 때문이다. 미자가 떠난 것은 자기로 하여금 '주왕'이 정신 차리기를 기대한 것이고, 종이 된 기자도 '주왕'이 바로 서기를 기대했으며, 죽임을 당한 비간은 자기 몸을 죽여 '주왕'을 깨닫게 하기 위함이었다. 모두가 충성하는 마음에서 비롯된 것이다.

공직자들이 민중을 위하는 이른바 '인한 마음'으로 움직이는 것은 모두가 같다. 민중을 위하고 나라를 사랑하는 마음은 다르지 않지만, 방법에 따라 상호 갈등할 때도 있다. 부자지간의 갈등은 자식이 부모를 위하는 마음이 먼저이지만, 공직사회에서는 윗사람이 아랫사람의 마음을 다독이는 게 먼저다. 이러한 특유의 정서를 인식하여 공직자 상호간의 갈등을 이해하고 조정하는 데에도 남다른 내공(內功)이 필요하다. 인한 정치의 출발이다.

| 유가와 공직자의 도 |

공자

초나라 광인인 접여[81]가 노래하면서 공자를 지나치며 말하였다. "봉황이여! 봉황이여! 어찌 덕이 쇠하였는가? 지나간 것은 간할 수 없지만 오는 것은 오히려 따를 수 있으니, 그만 둘지어다! 그만 둘지어다! 오늘날

81) 접여(接輿)는 초나라의 현인으로 세상을 피하여 일부러 미치광이 노릇을 했다. 그의 이름에 관해서는 성이 '접'이고 이름이 '여'라는 설과 성이 '육(陸)'이고 이름이 '통(通)'이라는 설 등이 있으나 정확히 알 수는 없다. 공자의 수레에 접촉했기 때문에 '접여(接輿)'라고 불렀다는 설이 유력하다.

정치를 좇는 자들은 위태롭다." 공자가 수레에서 내려 더불어 말하고자 하였으나 빨리 걸어 피하니 더불어 말하지 못하였다.

원문

楚狂接輿歌而過孔子 曰 鳳兮鳳兮여 何德之衰오 往者는 不可諫이어니와 來者는 猶可追니 已而已而어다 今之從政者殆而니라 孔子下하사 欲與之言이러니 趨而辟之하니 不得與之言하다

자해

* 봉(鳳) : 도가 있으면 나타나고 도가 없으면 숨는 상상의 새. 봉의 비유를 통해 공자가 숨지 못하는 것을 기롱한 것이다.
* 혜(兮) : 감탄의 어기를 표시하는 어기조사.
* 하덕지쇠(何德之衰) : 어찌하여(봉황의) 덕을 쇠퇴하게 만드는가? 봉황은 본래 덕이 있는 새로 태평성대에 나타나는 법인데 지금 같은 난세에 왜 은둔하지 않고 세상에 모습을 드러내어 봉황의 덕을 쇠퇴하게 하느냐는 뜻이다. 지(之) : 강조효과를 위하여 목적어를 동사 앞에 놓을 경우 목적어와 동사 사이에 쓰는 구조조사.
* 불가간(不可諫) : 돌이킬 수 없다. 간(諫) : 바로잡다, 돌이키다.
* 가추(可追) : 좇을 수 있다. 지금이라도 은둔하기에 늦지 않음을 의미한다.
* 이이(已而) : 그만두다. 이(而) : 감탄의 어기를 표시하는 어기조사.

* 태이(殆而) : 위태롭다. 이(而) : 감탄의 어기를 표시하는 어기조사.
* 피지(辟之) : 그를 피하다. 피(辟) : 피(避)와 같다. 지(之) : 공자를 가리킨다.

해영

지금도 난세(亂世)로 규정하는 학자가 적지 않지만, 지금으로부터 2500년 전에도 '난세'였던 모양이다. 거짓으로 미친 체하며 사는 초나라의 은자(隱者)이자 현인(賢人)이었던 접여(接輿)가 '난세'에는 숨어사는 게 당연한 일임에도 어리석게 세상을 구하겠다고 이리저리 떠돌아다니는 공자의 모습을 보고 기롱(譏弄)하였다. 그것도 세상에 도(道)가 있으면 나타나고 없으면 숨는다는 상상의 새, 봉황(鳳凰)을 들먹이며 비판한 것이다.

'접여의 본의'가 어떤 것인지를 공자는 정확히 꿰뚫고 있었다. 다양한 경험자, 공자는 그래서 세상 구하기에 대한 논리가 항상 무장되어 있었다. 그러나 공자가 접여와 세상구하기에 대한 논쟁을 하지 못했다고 하여 유감으로 여기지는 않았다. 접여가 공자를 일방적으로 깎아내리기만 한 것은 아니었기 때문이다. 그는 공자를 높일 줄 아는 사람이었지만, 지향하는 바가 달랐기 때문에 더불어 논하지 않고 자리를 피했을 따름이다.

유가(儒家)의 삶의 방식과 공직자의 삶의 방식은 너무도 흡사하다. 세상의 도덕(道德)이 무너지고 부정과 부패가 횡행하는 이른바 '난세'라 하더라도 공직자들은 어떻게든 세상을 구하고자 고민하는 모습들이 전형적인 유가 삶의 모습 그대로다. 공자가 대표적으로 그러한 행태를 죽을 때까지 유지했고, 후학들도 그러했다. 이상사회를 그리면서도 현실을 도외시하지 않는 자세, 그것이 바로 유가의 삶과 공직자의 삶이 닮은 이유다.

공직자들은 적어도 공직생활을 하는 동안, 세상의 도가 무너졌다고 부화뇌동해서는 곤란하다. 태생적 한계를 지니고 있는 공직자들은 그래서 늘 마음이 무거울 수밖에 없다. 공직자는 항상 우환의식(憂患意識)을 가지고 살아야 한다는 선현들의 지침도 난세와 무관하지 않은 말이다. 이러한 난세에서도 제대로 행정서비스를 구현하기 위해서는 내공(內功)을 쌓아야 한다. 내공이 흘러 넘쳐야 세상 구하는 데 시간을 줄일 수 있다.

| 초탈하지 않는 삶 |

공자

초탈한 사람은 백이와 숙제와 우중과 이일과 주장과 유하혜와 소련이었다. 공자가 이르기를, "그 뜻을 굽히지 않고 그 몸을 욕되게 하지 않는 자는 백이와 숙제이다." 유하혜와 소련을 평하여 이르기를, "뜻을 굽히고 몸을 욕되게 하였으나, 말이 윤리에 맞으며 행실이 생각에 맞았으니 이런 점일 뿐이다." 우중과 이일을 평하여 이르기를, "숨어 살면서 말을 함부로 하였으나, 몸은 깨끗함에 맞았고 벼슬을 하지 않은 것도 권도에 맞았다. 나는 이와 달라서 할 만한 것도 없고 할 만하지 않은 것도 없다."

원문

逸民은 伯夷와 叔齊와 虞仲과 夷逸과 朱張과 柳下惠와 少連이니라 子曰 不降其志하며 不辱其身은 伯夷叔齊與인저 謂柳下惠少連하대 降志辱身矣나 言中倫하며 行中慮하니 其斯而已矣니라 謂虞仲夷逸하대 隱居放言하나 身中淸하며 廢中權이니라 我則異於是하야 無可無不可호라

자해

* 일민(逸民) : 세속을 초월한 사람. 일(逸) : 벼슬길에서 빠져 있음. 민(民) : 지위가 없는 사람의 칭호.
* 우중(虞仲) : 태백(泰伯)의 동생인 중옹(仲雍)으로 그의 자손이 오왕(吳王)에 봉해졌기 때문에 우중(虞仲)이라고 불렀다는 설이 있으나 확실치 않다.
* 이일과 주장(夷逸과 朱張) : 행적 미상.
* 유하혜(柳下惠) : 춘추시대 노(魯)나라의 현자(賢者)였던 그는 유하(柳下)에서 살았다고 하여 호(號)가 되었으며, 성은 전(展), 이름은 획(獲), 자는 금(禽)이다. 문인들이 혜(惠)라는 시호를 올려 유하혜로 불렀다. 모든 것을 자신의 덕으로 화합하고자 하면서도 직도(直道)를 지켜 임금을 섬긴 것으로 유명하다. 맹자(孟子)는 그를 일러 성인(聖人) 중의 화(和)한 사람이라고 평했다.
* 소련(少連) : 동이(東夷)의 자손으로 부모가 돌아가셨을 때, 거상(居喪)

을 잘했다고 하여 공자가 칭송한바 있다.[82)]

* 위(謂) : 평하다, 말하다.
* 강지(降志) : 뜻을 낮추다, 뜻을 굽히다.
* 언중륜(言中倫) : 말이 윤리에 맞다.
* 행중려(行中慮) : 행동이(다른 사람의) 생각에 부합하다.
* 기사이이의(其斯而已矣) : 아마 이러했을 것이다. 기(其) : 아마, 추측을 표시하는 부사. 사(斯) : 언중륜(言中倫), 행중려(行中慮)를 가리키는 지시대사. 이이의(而已矣) : '~일 뿐이다'라는 뜻의 어기조사.
* 신중청(身中淸) : 몸이 깨끗함에 맞다.
* 폐중권(廢中權) : 벼슬을 그만 둠이 권도에 맞다.
* 아즉이어시(我則異於是) : 나로 말할 것 같으면 이들과 다르다. 즉(則) : ~로 말하자면, ~로 말할 것 같으면, ~는. 두 가지 또는 여러 가지 사실의 대비 관계를 표시하는 접속사. 시(是) : 앞에서 이야기한 은자들을 가리키는 지시대사.

해영

조선시대 선현들의 논의로 의론해 보자. 민중을 위하고 나라를 사랑하는 마음은 모두가 같았지만 그 방법은 달랐다. 크게 세 가지의 형태[83)]로 나누어 볼 수 있다. 우선 수양철학(修養哲學) 노선이다. 인간의 내면 수양을 통하여 하늘과 하나가(하늘=인간)되고자 한다. 주로 인성론을 논

82) 『禮記』, 「雜記下」.

83) 김해영·최병윤, 『지금은, 정조를 읽어야 할 시간』, 안티쿠스, 2013, 189쪽.

제로 삼은 경(敬) 중심의 철학노선을 취하는데, 대표적인 학자로는 권근(權近)과 이언적(李彦迪), 이황(李滉) 등이 있다. 이 노선에서는 수양을 강조하고 수양한 후에 실천하자는 논리를 내세우기 때문에 실천이 약화되는 면을 보이는 것이 특징이다.

두 번째는 정치철학(政治哲學) 노선이다. 이는 하늘의 이상(理想)이 현실 사회에서 이루어져야 한다(천리=인사 : 天理=人事)는 지치주의(至治主義)[84]의 정치철학을 의미한다. 가령 세상이 혼란하여 '도'가 사라졌다면, 천하를 내 몸과 같이 생각하여 현실 정치를 통해 '도'가 회귀되도록 바꿔가야 한다는 노선이다. 여기에 긍정하는 대표적인 학자로는 조광조(趙光祖)와 이이(李珥), 송시열(宋時烈) 등이 있다. 이들 노선에서는 이른바 수양이 부족하다 하더라도 실천하는 과정에서 수양하자는 논리로, 실천을 더욱 강조하는 것이 특징이다.

마지막으로 초탈원융철학(超脫圓融哲學) 노선이다. 이는 앞의 두 노선이 인간이 가진 사회적 속성을 중심 문제로 삼았다면, 이 노선을 택한 서경덕(徐敬德)과 조식(曺植), 김정희(金正喜) 등의 학자들은 인간이 가진

84) 지치(至治)라는 말은 본래 『서경』, 「군진(君陳)」에 나오는 말로 "잘 다스려진 세상은 향기로워서 신명에게까지 감동시킨다."는 구절에서 유래하였다. 한국 성리학의 특징이 담겨있는 사상이라고 하여 왕도정치(王道政治)와 구별하여 지치주의라 일컫는다. 지치주의(至治主義)가 왕도정치(王道政治)와 다른 점은 융평사상(隆平思想)에 있다. '융평사상'이란 인간사회를 현재의 상태에서 평안히 하는 것이 아니라 이상적인 상태, 즉 융(隆)의 상태로 끌어 올려 평안히 한다는 뜻이다. 이것은 한국철학사상의 기본 특징이 드러난 것으로 하늘의 이치가 땅에서도 실현되어야 한다는 이른바 '천인무간(天人無間)'사상을 근거로 하고 있다.(김해영·최병윤, 『지금은, 정조를 읽어야 할 시간』, 안티쿠스, 2013, 160쪽, 165~166쪽.)

자연적 속성을 중심문제로 삼아 자연과 우주를 연구하면서 그 우주(선천과 후천)와 하나(자연·하늘=인간)가 되어 물아일체(物我一體)를 이루고자 한 것이 특징이다. 이러한 다양한 노선을 이해하고 실천하는 데에도 내공(內功)이 필요함은 말할 것도 없다. 내공이 쌓여야 다양한 민중의 정서를 무탈하게 아우를 수 있다.

자장
(子張)

| 선비의 절개 |

자장

자장이 이르기를, "선비가 위태로움을 보면 생명을 바치고, 이득을 보면 의를 생각하며, 제사에 공경을 생각하며, 상사에 슬픔을 생각한다면 괜찮을 것이다."

원문

子張이 曰 士見危致命하고 見得思義하며 祭思敬하며 喪思哀면 其可已矣니라

자해

* 기가이의(其可已矣) : 괜찮을 것이다. 기(其) : 아마, 추측을 표시하는 부사. 이의(已矣) : 새로운 상황이 발생했거나 그럴 가능성이 있음을 표시하는 어기조사로 단정적인 어기를 표시한다.

해영

선비가 선비 역할을 제대로 하려면 그 이름에 부합하는 행위를 할 때 귀하게 여김을 받는다. 가령 세상을 이끌어 가는 지도자나 자신의 부모가 위태로움에 빠져 있을 때는 구차하게 목숨을 아끼지 않아야 하며, 얻는 것을 보았을 때는 의(義)로서 마땅한지를 생각해 보아야 한다. 또 먼 조상의 제사에 임하여서는 안팎으로 정성과 예를 다하고 있는지를 생각하고, 장사지낼 때에는 애도하는 마음으로 정성을 다하고 있는지를 생각해야 한다. 선비는 세속의 북극성과 같은 존재다. 중심을 잡아 큰 절개를 세우고 움직이는 사람인 것이다.

공직자들의 입장으로 의론해보자. 위태로움에 목숨을 아끼지 않는 현상은 소방이나 경찰에서 흔히 볼 수 있고, 이로움을 보면 의(義)를 아끼지 않는 현상은 잃어버린 재물을 찾아주는 공직자들에게서 볼 수 있으며, 제사에 공경을 아끼지 않는 현상은 현충일 즈음에 볼 수 있으며, 상사에 슬픔을 아끼지 않는 현상은 세월호 참사와 같은 곳에서 볼 수 있다. 모두가 민중의 마음을 아우르는 현상들이다. 공직자들이 의연하게 중심을 잡아야 하는 이유가 여기에 있는 것이다. 내공(內功)을 쌓아야 한다. 내공이 쌓여야 지속할 수 있다.

| 기술자와 군자의 도 |

자하

자하가 이르기를, "모든 기술자들은 공장에 있으면서 그 일을 이루고, 군자는 배워서 그 도를 이룬다."

원문

子夏曰 百工이 居肆하야 以成其事하고 君子는 學하야 以致其道니라

자해

* 거사(居肆) : 작업장을 지키고 있다. 작업장을 떠나지 않고 꾸준히 가지 일에 정진함을 말한다. 거(居) : 꾸준히 한 곳에 머물다. 사(肆) : 옛날에 기술자가 스스로 물건을 만들기도 하고 팔기도 하던 작업장 겸 가게. 관부에서 물건을 제조하는 곳이기도 하다.
* 치(致) : 지극히 함.

해영

어디에서든 사력을 다하면 얻는 것이 있기 마련이다. 농산물이 되었든 공산품이 되었든 열과 성을 다하면 생산물이 나오게 되어 있는 것이다. 하지만 일을 할 때 기술자들이 좋은 아이디어와 생산기술력을 융합하면

생산물을 배가시킬 수 있다. 기술자들의 작은 아이디어 하나가 때로 수많은 사람들의 생계를 책임질 수도 있을 만큼 그 영향력은 지대할 수 있다. 기술자들의 생각 하나에도 이처럼 큰일을 담당할 수 있는 것이 세상의 정서인데, 하물며 공직자가 되어 어떤 생각을 가지고 살아야 할지에 대해서는 더 언급할 필요도 없다.

공직자는 예로부터 군자 혹은 선비로 불렸다. 가령 공직에 나아가서는 민중의 마음을 위하는데 정성을 다하고, 물러나서는 민중을 깨우치기 위해 후학을 양성하는 것이 핵심 책무다. 따라서 공직자가 현직에 임해서는 '공직의 도'를 터득하여 그 '도'를 행하기 위해 최선을 다해야 한다. 나라의 모든 구성원들이 각각의 입장에서 직분에 충실할 수 있도록 기획하고 조정하는 것 또한 공직자들이 담당해야 할 책무다. 이를 위해서도 내공(內功)을 쌓아야 한다. 내공의 힘이 흘러 넘쳐야 보다 고품질이 행정서비스를 구현할 수 있다.

| 벼슬과 학문 |

자하

자하가 이르기를, "벼슬을 하고 남는 힘이 있거든 배우고, 배우고 남는 힘이 있거든 벼슬해야 한다."

원문

子夏曰 仕而優則學하고 學而優則仕니라

자해

* 우(優) : 남는 힘이 있음.

해영

공직자가 배우는 것은, 결국 공직의 이치를 터득하기 위함이다. 공직을 사람들이 만만하게 여기지 않는 이유도 공직의 중요성에 대해 잘 알고 있기 때문이다. 그러므로 공직자가 되기 위한 공부도 필요하지만, 공직에 들어와서는 더 많은 공부가 필요하다. 기본적으로 민중을 위해 존재한다는 인식아래 무엇을 어떻게 '넓혀주고 채워줄 것인지'를 고민해야 하는 것이다. 이를 위해서도 내공(內功)은 필요하다. 내공이 쌓여야 허(虛)를 둘 수 있다.

| 군자의 성찰 |

자공

자공이 이르기를, "주(紂)[85] 왕의 선하지 않음이 그처럼 심하지는 않았

85) 은(殷)나라의 마지막 임금으로 극악무도하여 나라를 잃었다.

다. 이 때문에 군자는 하류에 처하는 것을 싫어하니, 천하의 악이 모두 돌아오기 때문이다."

원문

子貢이 曰 紂之不善이 不如是之甚也니 是以로 君子 惡居下流하나니 天下之惡이 皆歸焉이니라

자해

* 주(紂) : 은나라의 마지막 왕.
* 불여시지심야(不如是之甚也) : 이처럼 심한 상태는 아니다. 불(不) : 아니다. 비(非)와 같다.

해영

예로부터 '악(惡)한 지도자'를 꼽으라면 단연 은(殷)나라의 주(紂)와 같은 지도자를 일컫는데 주저하지 않는다. 그는 참으로 극악무도한 지도자였다. 그러나 그가 실제 악한 일을 어떻게 저질렀는지를 살펴보면 별난 것도 없다. 그저 군자의 도(道)를 역으로 향한 정도다. 이전에 그처럼 무도한 지도자를 좀처럼 보지 못하다가 그와 같은 무도한 짓을 저지른 이후로 후세의 사가들은 극악무도한 지도자로 꼽는데 주저하지 않는 것이다.

요즘 세상의 관점으로 그의 악함을 저울질해 보면 별 사안이 아닐 수

도 있다. 날이 가고 달이 가도록 위로 통달하지 못하고 아래로 지향했기 때문에 온갖 무도한 짓을 행한 지도자의 전범이 된 것이다. 지도자들은 후세의 평가를 두려워하는 사람들이다. 항상 자신의 몸을 살펴 하류로 향하는 지를 성찰하여 경계하는 이유가 여기에 있는 것이다. 하류에 거처하기 시작하면 천하의 어떤 악도 마다하지 않을 수 있기 때문이다.

잠시라도 고민하고 매달리지 않으면 자신도 모르는 사이, 바로 하류로 떠내려 갈 수밖에 없는 것이 오늘날의 정서다. 눈을 크게 뜨고 몸부림쳐도 이러한 정서에서 벗어나기 쉽지 않은 시대다. 촌음이라도 눈을 감으면 바로 하류로 떠밀려 내려갈 수밖에 없는 위험천만한 세상인 것이다. 공직자[86]들은 이런 형국을 벗어나기 위해서도 내공(內功)을 쌓아야 한다. 내공이 흘러 넘쳐야 타이틀을 유지함은 물론 온갖 악평에서 벗어날 수 있다.

| 군자의 허물 |

자공

자공이 이르기를, "군자의 허물은 일식·월식과 같아서 잘못이 있으면 사람들이 모두 보고, 허물을 고치면 사람들이 모두 우러러 본다."

86) 예로부터 공직자는 지도자로도 혼용해서 칭했기 때문에 공직자로 표방하였다.

원문

子貢이 曰 君子之過也는 如日月之食焉이라 過也에 人皆見之하고 更也에 人皆仰之니라

자해

* 식(食) : 갉아먹다. 식(蝕)과 같다.

* 견(見) : 자신도 모르게 눈에 뜨여서 보는 것을 말한다.

* 경야(更也) : 고치다. 야(也) : 음절을 조정하고 어기를 고르는 어기조사.

해영

신(神)이 아닌 이상, 허물없는 공직자는 존재할 수 없다. 때문에 공직자의 허물은 일식이나 월식과 같아서 사람들에게 계속해서 속일 수가 없다. 그러나 그 허물을 고치게 되면 허물을 허물로 여기지 않을 뿐만 아니라 오히려 존중받게 된다. 이는 해와 달이 이지러져 잠시 어두워졌다가 회복되는 것과 같다. 그러므로 허물이 있다고 하여 숨기기보다는 이를 적극적으로 고치는데 노력을 아끼지 않아야 허물이 덕으로 변화한다. 물론 허물을 숨기지 않고 고치는 자세에도 내공(內功)은 필수다. 내공이 흘러 넘쳐야 덕으로 승화된다.

요왈
(堯曰)

| 역대 제왕의 도 |

요임금

요임금이 이르기를, "아! 너 순아, 하늘의 운수가 너의 몸에 있으니, 진실로 그 중을 잡아라. 사해가 곤궁하면 하늘의 복록이 영원히 끊어질 것이다." 순임금도 이 말로 우임금에게 명하였다. 탕임금이 이르기를, "나 소자 이(履)는 감히 검은 희생을 써서 감히 크나 큰 상제께 아뢰니다. 죄 있는 사람을 감히 용서하지 않으며 상제의 신하를 감히 가리지 않으니, 선택은 상제의 마음에 달려 있습니다. 내 몸에 죄가 있는 것은 만방 때문이 아니고, 만방에 죄가 있는 것은 그 죄가 내 몸에 있습니다."

원문

堯曰 咨爾舜아 天之曆數在爾躬하니 允執其中하라 四海困窮하면 天祿이 永終하리라 舜이 亦以命禹하시니라 曰予小子履는 敢用玄牡하야 敢昭告于皇皇后帝

하노니 有罪를 不敢赦하며 帝臣不蔽니 簡在帝心이니이다 朕躬有罪는 無以萬方이요 萬方有罪는 罪在朕躬하니라

자해

* 자(咨) : 아. 탄식하는 소리. 감탄사.
* 윤집기중(允執其中) : 진실로 그 중을 잡다. 윤(允) : 진실로.
* 천록(天祿) : 하늘이 내리는 복록. 여기서는 임금의 자리를 가리킨다.
* 순역이명우(舜亦以命禹) : 순임금도(이것을) 우임금에게 명하다. 이(以) : 다음에 목적어로서 천지역수~천록영종(天之曆數~天祿永終)을 가리키는 인칭대사가 생략되어 있다.
* 여소자이(予小子履) : 나 어린아이 이(履).
* 여소자(予小子) : 상고시대에 제왕이 자신을 겸허하게 일컫던 상투어.
* 이(履) : 상나라, 즉 은나라를 세운 탕임금의 이름.
* 현모(玄牡) : 검은색의 수소.
* 소고(昭告) : 분명하게 말하다.
* 후제(后帝) : 천제, 하느님.
* 제신불폐(帝臣不蔽) : 하느님의 신하를 은폐하지 않다. 인재를 버려두지 않고 적재적소에 잘 등용한다는 뜻. 제신(帝臣) : 어질고 능력 있는 모든 인재를 가리킨다.
* 간(簡) : 가리다. 간택하다.
* 짐(朕) : 나, 짐. 일인칭대사로 본래 아무나 쓸 수 있었으나, 진시황 이후

황제의 자칭으로만 쓰였다.

* 무이만방(無以萬方) : 만방에 기인하지 않다. 그러니 만방의 백성에게 고통을 주지 말라는 뜻. 무(無) : 불(不)과 같다. 이(以) : 인(因)과 같다.

해영

흔히 화평한 세상을 언급할 때 요순시대(堯舜時代)를 드는 경향이 있다. 요순이 임금 노릇할 때, 그만큼 평화로웠다는 얘기일 것이다. 하지만 요순시대가 도래하기 전에는 굉장히 혼란한 시대가 점철되었던 역사가 있었음을 사람들은 잘 모른다. 요순시대에 당도하여 혼란함을 잠재움으로서 평화를 맛볼 수 있었던 것을 사람들은 짐작조차 못하는 것이다.

요컨대 독재체제를 물리치고 하늘의 도, 즉 중용적 도를 통한 다스림의 결과를 모르는 것이다. 공직자들이 여기서 타산지석으로 삼을 수 있는 부분은 옛날 요임금이 순임금에게, 순임금이 우임금에게 자리를 물려줄 때 공통적으로 경계 삼도록 한 것처럼, 잘되면 항상 민중의 덕으로, 못되면 자신의 탓으로 돌리면서 민중을 위해 헌신하라는 말씀일 것이다.

공직자들이 '중용적 마음'을 지니고 끊임없이 민중을 위한 정책을 생산하고 집행하면 결국 민중은 공직자들의 마음을 믿고 의지할 것이다. 신뢰가 신뢰를 낳다 보면 세상에서 말하는 '요순시절도 당도'하리라 믿는다. 요순과 같은 공직사회를 만들기 위해서도 내공(內功)을 필요로 함은 물론이다. 내공이 쌓여야 민중이나 공직자의 구분이 없어질 것이다.

| 오미사악(五美四惡) |

공자

자장이 공자에게 묻기를, "어떻게 해야 정치에 종사할 수 있습니까?" 공자가 이르기를, "다섯 가지 아름다운 것을 높이고 네 가지 악한 것을 물리치면 이에 정치에 종사할 수 있을 것이다." 자장이 "무엇을 다섯 가지 아름다운 것이라고 합니까?" 공자가 이르기를, "군자는 은혜롭게 하지만 허비하지 않으며, 수고롭게 하지만 원망하지 않으며, 하고자 하면서도 탐하지 않으며, 태연하지만 교만하지 않으며, 위엄스러우면서도 사납지 않다." 자장이 "무엇을 은혜롭게 하지만 허비하지 않는 것이라고 하는 것입니까?" 공자가 이르기를, "백성들이 이롭게 여기는 것을 따라 이롭게 해주니, 이 또한 은혜롭게 하지만 허비하지 않는 것이 아니겠는가? 수고롭게 할 만한 일을 선택하여 수고롭게 하니 또 누가 원망하겠는가? 인(仁)을 하고자 하여 인을 얻으니 또 무엇을 탐하겠는가? 군자는 많거나 적거나 크거나 작거나에 관계없이 감히 교만하지 않으니, 태연하면서도 교만하지 않은 것이 아니겠는가? 군자는 의관을 바르게 하며 보는 것을 높이 하여 엄숙히 사람이 바라보고 두려워하니, 이것이 또한 위엄스러우면서도 사납지 않은 것이 아니겠는가?" 자장이 "무엇을 네 가지 악이라고 합니까?" 공자가 이르기를, "가르치지 않고 죽이는 것을 학정이라고 하고, 미리 경계하지 않고 성공을 요구하는 것을 포악이라고 하고, 명령을 태만히 하고 기일을 각박하게 하는 것을 해친다고 하고, 똑같이 남에게 주면서도 출납할 때에 인색하게 하는 것을 유사(有司)라 한다."

원문

子張이 問於孔子曰 何如라야 斯可以從政矣니잇고 子曰 尊五美하며 屛四惡이면 斯可以從政矣리라 子張이 曰 何謂五美니잇고 子曰 君子惠而不費하며 勞而不怨하며 欲而不貪하며 泰而不驕하며 威而不猛이니라 子張이 曰 何謂惠而不費니잇고 子曰 因民之所利而利之니 斯不亦惠而不費乎아 擇可勞而勞之어니 又誰怨이리오 欲仁而得仁하나니 又焉貪이리오 君子無衆寡하며 無小大히 無敢慢하나니 斯不亦泰而不驕乎아 君子正其衣冠하며 尊其瞻視하야 儼然人望而畏之하나니 斯不亦威而不猛乎아 子張이 曰 何謂四惡이니잇고 子曰 不教而殺을 謂之虐이요 不戒視成을 謂之暴요 慢令致期를 謂之賊이요 猶之與人也로대 出納之吝을 謂之有司니라

자해

* 하여사가이종정의(何如斯可以從政矣) : 어떠해야 정치에 종사할 수 있는가? 사(斯) : 조건에 따른 결과를 표시하는 접속사. 문맥에 따라 '~하면 곧' 또는 '~하면 그제야'라는 어감을 갖는다. 의(矣) : 의문의 어기를 표시하는 어기조사.
* 하위오미(何謂五美) : 무엇을 다섯 가지 미덕이라고 합니까? 위하오미(謂何五美)가 도치된 것.

* 인민지소리이리지(因民之所利而利之) : 백성들이 이롭다고 여기는 바를 따라서 그들을 이롭게 해주다. 백성들이 스스로 이롭다고 여기는 일을 하도록 해준다는 뜻. 리(利) : 앞의 것은 의동사(意動詞), 뒤의 것은 사역동사.
* 욕인이득인우언탐(欲仁而得仁又焉貪) : 인을 하고자 하여(노력한 결과) 인을 얻게 된다면 또 무엇을 탐하겠는가. 군자는 사람의 덕을 추구할 뿐, 다른 물질적인 탐욕은 추구하지 않는다는 의미다.
* 존기첨시(尊其瞻視) : 보는 것을 높이하다. 보이는 것을 우러러보다.
* 엄연인망이외지(儼然人望而畏之) : 근엄하여 사람들이 그를 쳐다보고는 두려워하다.
* 불교이살위지학(不教而殺謂之虐) : (해서는 안 된다는 사실을) 가르쳐주지 않았으면서(그들이 그 일을 했다고 해서) 죽이는 것을 잔학함이라고 한다. 지(之) : 불교이살(不教而殺)을 가리키는 인칭대사. 학(虐) : 잔학하여 어질지 아니함.
* 포(暴) : 급작스럽고 점차로 함이 없음.
* 치기(致期) : 기한을 제한하다. 치(致) : 제한하다. 제약하다.
* 적(賊) : 해롭게 한다.
* 유지여인야(猶之與人也) : 마찬가지로 사람들에게 주다. 유지(猶之) : 같이, 마찬가지로, 어차피. 유(猶) : 원래 '~와 같다'라는 뜻의 동사이지만 '마찬가지로, 어차피'라는 뜻의 부사로 쓰이기도 한다. 지(之) : 본래 일반적인 사실이나 마물, 사람을 가리키는 인칭대사로 유(猶)의 목적어이지만 대사적인 성격이 극도로 약화되어 있다. 야(也) : 음절을 조정하고 어기를 고르는 어기조사.

* 출납지인(出納之吝) : 지출과 수납이 인색하다. 출납(出納) : 원래 '(재물을) 지출하고 수납하다'라는 뜻이지만 여기서는 납(納)의 의미는 약화되고 출(出)의 의미만 강조되고 있다. 지(之) : 주어와 술어 사이에 쓰여 주술구조로 하여금 독립성을 잃고 명사구 또는 절이 되게 하는 구조조사.
* 유사(有司) : 일을 주관하는 실무 담당자. 여기서는 정책의 큰 방향을 결정하는 군자(君子)와 상반되는 개념으로 소소한 일을 하는 사람을 의미한다.

해영

공자가 제자인 자장과의 묻고 답함이 매우 정밀하여 위의 문답으로 대체해도 무방하겠다. 다만 공직자, 특히 고위 공직자들은 이러한 공자의 가르침에 더욱 주목할 필요가 있다 하겠다. 시행착오를 그만큼 줄일 수 있는 덕목을 제시해 주고 있기 때문이다. 물론 이러한 덕목을 체득하기 위해서도 끊임없이 내공(內功)을 쌓아야 함은 말할 것도 없다. 내공이 흘러 넘쳐야 물 흐르듯 자연스럽게 민중들과 교감할 수 있다.

| 앎의 중요성 |

공자

공자가 이르기를, "명을 알지 못하면 군자가 될 수 없으며, 예를 알지 못하면 설 수 없으며, 말을 알지 못하면 사람을 알 수 없다."

원문

子曰 不知命이면 無以爲君子也요 不知禮면 無以立也요 不知言이면 無以知人也니라

자해

* 무이위군자(無以爲君子) : 군자가 될 수 없다. 무이(無以) : ~할 수 없다.

해영

명(命)은 태어날 때 대체로 정해지기 때문에 바꾸지 못한다. 사람이 이 천명(天命)을 알게 되면 길흉과 화복에 흔들리지 않는다. 반대로 '천명'을 알지 못하면 얻지 못할 것도 얻으려고 애쓰고, 면(免)하지 못할 것을 면하려고 애쓰는 사이 '소인'의 행태를 벗어나지 못한다. '군자'와 멀어지는 것이다. '천명'을 알아야 하는 이유가 여기에 있다.

예(禮)는 몸을 다스리는 데 필요한 덕목이다. 사람이 '예'를 알면 위의(威儀)와 덕성(德性)을 지니게 된다. 반대로 '예'를 모르면 절도(節度)와 도수(度數)를 자세하게 밝히지 못하기 때문에 나아가고 물러나는 것에 어두워 이목(耳目)과 수족(手足)이 움직이는 데 자유롭지 못하다. 등불 없이 밤길을 가는 것과 같다. '예'를 체득해야 하는 이유다.

말(言)은 사람 사이의 수단이다. 관계의 핵심이기도 하다. '말'에서 상대의 '간사함'과 '올바름'이 드러난다. 때문에 군자(君子)는 이 세 가지, 즉 '명'과 '예', '말'을 잘 인식하여 안으로는 덕(德)을 쌓아야 하고, 밖으로는 타인의 실정(實情)을 파악해야 한다. 이를 위해서도 내공(內功)이 필요하다. 내공의 단초는 더 볼 것도 없이 수신(修身)이다.

공자연보(孔子年譜)

* 성명(姓名) : 공구(孔丘), 자(字) : 중니(仲尼).[87]
* B.C.551년 : 노(魯)나라의 창평향(昌平鄕) 추읍(鄒邑)에서 탄생. 주영왕(周靈王) 21년, 노양공(魯襄公) 22년.
* B.C.549년 : 부친 숙량흘(叔梁紇 : 孔紇) 별세(3세).
* B.C.544년 : 유희(遊戲)를 할 때에 항상 제기(祭器)를 벌여 놓고 제사를 지내는 놀이를 함(8세).
* B.C.542년 : 제자 자로(子路)가 태어남(10세).
* B.C.533년 : 송(宋)의 기관씨(丌官氏)와 혼인(婚姻)(19세).
* B.C.532년 : 아들 공리(孔鯉) 태어남. 노(魯)의 위리(委吏 : 창고관리자)가 됨(20세).
* B.C.531년 : 노(魯)의 사직리(司職吏 : 축산담당자)가 됨(21세).
* B.C.528년 : 모친 안씨(顔氏) 별세(24세).
* B.C.525년 : 담자(郯子)로부터 옛날 관제(官制)를 배움(27세).
* B.C.522년 : 노자(老子)에게 예(禮)를 물음. 제자 중궁(仲弓)과 유약(有若)이 태어남(30세).
* B.C.518년 : 노(魯)의 맹희자(孟僖子)가 임종(臨終) 시(時)에, 두 아들에게 공자에게 사사(師事)하여 예(禮)를 배우라고 유언함(34세).
* B.C.517년 : 제(齊)나라에 갔다가 노(魯)로 돌아옴. 벼슬하지 않고 교수(敎授)를 하니 제자들이 많아짐(35세).

87) 成百曉 譯註, 『論語集註』, 傳統文化硏究會, 1999 참조.

* B.C.514년 : 제자 안회(顔回)가 태어남(38세).
* B.C.507년 : 제자 자하(子夏)가 태어남(45세).
* B.C.506년 : 제자 자유(子遊)가 태어남(46세).
* B.C.505년 : 제자 증삼(曾參)이 태어남(47세).
* B.C.501년 : 제자 민자건(閔子騫)이 태어남(51세).
* B.C.500년 : 노(魯)의 사구(司寇)벼슬을 함. 노(魯)의 정공(定公)을 도와 제(齊)의 경공(景公)과 협곡(夾谷)에서 회담함(52세).
* B.C.497년 : 노(魯)에서 뜻을 얻지 못하고 위(衛)나라로 감(55세).
* B.C.496년 : 제(齊)에서 노(魯)로 여악(女樂)을 보냄. 광(匡)땅에서 난(難)을 당함(56세).
* B.C.495년 : 환퇴(桓魋)가 공자를 죽이려함(57세).
* B.C.493년 : 위(衛)나라로 감(59세).
* B.C.492년 : 송(宋)을 지나 진(陳)나라로 감(60세).
* B.C.489년 : 진(陳)에서 채(蔡)나라로 가다가 포위되어 식량이 끊김. 채(蔡)에서 섭공(葉公)을 보고 위(衛)로 돌아옴(63세).
* B.C.487년 : 부인(夫人) 기관씨(丌官氏) 별세(別世)(65세).
* B.C.484년 : 노인(魯人)이 폐백(幣帛)으로 공자를 부름. 노(魯)로 돌아옴. 시서예(詩書禮)를 정리함(68세).
* B.C.483년 : 아들 공리(孔鯉)와 제자 안회(顔回)가 죽음(69세).
* B.C.482년 : 노(魯)나라 애공(哀公)이 정사(政事)를 물음(70세).
* B.C.481년 : 노(魯)에서 기린(麒麟)을 얻음. 『춘추(春秋)』를 지음(71세).
* B.C.479년 : 하사월(夏四月) 기축(己丑)에 세상을 떠남(73세).

참고문헌

1. 한 국

『退溪全書』, 『栗谷集』, 『南冥集』, 『弘齋全書』, 『推測錄』, 『人政』, 『朝鮮王朝實錄』.

김해영, 『손에 잡히는 철학』, 도서출판 문화문고, 2014.

김해영, 『철학자, 정조의 효치를 분석하다』, 안티쿠스, 2012.

김해영·최병윤, 『지금은, 정조를 읽어야 할 시간』, 안티쿠스, 2013.

김혁제 교, 『論語集註』, 명문당, 2001.

류종목, 『논어의 문법적 이해』, 문학과지성사, 2005.

성백효 역, 『論語集註』, 전통문화연구회, 2000.

성백효 역, 『孟子集註』, 전통문화연구회, 1999.

오석원, 『한국 도학파의 의리사상』, 성균관대학교출판부, 2005.

유교문화연구소, 『논어』, 성균관대학교출판부, 2005.

유교사전편찬위원회, 『유교대사전』, 박영사, 1990.

윤무학, 『순자』, 성균관대학교출판부, 2005.

이기동, 『論語講說』, 성균관대학교출판부, 1999.

이기동, 『書經講說』, 성균관대학교출판부, 2007.

정옥자, 『정조의 교화사상』, 서울대학교규장각, 1996.

2. 중 국

『小學』, 『大學』, 『論語』, 『論語注疏』, 『孟子』, 『中庸』, 『詩經』, 『書經』, 『禮記』, 『春秋左氏傳』, 『周易』, 『荀子』, 『史記』, 『道德經』, 『莊子』, 『管子』, 『淮南子』, 『呂氏春秋』, 『漢書』, 『後漢書』, 『性理大全』, 『韓非子』, 『孝經』.

2. 일 본

『漢文大系』

찾아보기

공직자, 논어를 읽다

발행일 | 초판 1쇄 2014년 10월 25일
2쇄 2015년 2월 15일

지은이 | 김해영
펴낸이 | 고진숙
펴낸곳 | 안티쿠스
책임편집 | 김종만
북디자인 | 배경태
CTP출력 | 상지사피앤비
인쇄·제본 | 상지사피앤비
물류 | 문화유통북스
출판등록 | 제 300-2010-58호(2010년 4월 21일)
주소 | 110-816 서울시 종로구 자하문로 266, 612호
구) 서울시 종로구 부암동 129-8 울트라타임730 오피스텔 612호
전화 | 02-379-8883, 723-1835
팩스 | 02-379-8874
이메일 | mbook2004@naver.com

값은 뒤표지에 있습니다.

ISBN 978-89-92801-34-8 03140

* 이 도서의 국립중앙도서관 출판시도서목록(CIP)은 서지정보유통지원시스템 홈페이지(http://seoji.nl.kr)와 국가자료공동목록시스템(http://www.nl.go.kr/kolisnet)에서 이용하실 수 있습니다(CIP제어번호:CIP2014029463).